핵심만 쏙쏙 예제는 빵빵

ADT
앱창의개발능력
3급

App Inventor
앱 인벤터

App creative Development Test

핵심만 쏙쏙 예제는 빵빵

ADT
앱창의개발능력 3급
App creative Development Test

초판 발행일 | 2017년 07월 15일
저자 | 해람북스 기획팀
펴낸이 | 박재영
총편집인 | 이준우
기획진행 | 유효섭

㈜해람북스 **주소** | 서울시 마포구 양화로 125 8층 (서교동, 경남관광빌딩)
문의전화 | 02-6337-5419 **팩스** 02-6337-5429
홈페이지 | http://www.hrbooks.co.kr

발행처 | ㈜에듀케이션파트너 **출판등록번호** | 제2016-000047호

ISBN 979-11-960183-9-9

이 책은 저작권법에 따라 보호받는 저작물이므로 무단전제와 무단복제를 금지하며,
이 책 내용의 전부 또는 일부를 이용하려면 반드시 저작권자와 ㈜에듀케이션파트너의 서면동의를 받아야 합니다.

※ 잘못된 책은 바꾸어 드립니다.
※ 책 가격은 뒷면에 있습니다.

앱창의개발능력(ADT)

■ 앱창의개발능력(ADT)

모바일용 애플리케이션 개발에 필요한 전반적인 지식과 스마트 기기에 적합한 모바일 앱을 창의적으로 기획 및 개발할 수 있는 능력을 객관적으로 검정하는 자격

앱 교육의 목적[문화 콘텐츠 산업의 활성화와 창의적 문제 해결 능력을 갖춘 인재 양성]에 부합하도록 수험자가 문제 전체를 이해하고 원하는 결과를 절차적이며 창의적으로 도출할 수 있는지를 평가하는 시험입니다.

- 자격종류 : 등록민간자격
- 등록번호 : 2016-005354

■ 응시자격

학력, 연력, 경력별 제한 없음(누구나 응시 가능)

■ 검정 기준

등급	검정기준
3급	모바일 앱의 기본 동작 원리를 이해하고 UI/UX 디자인과 앱 프로그래밍을 통해 초급 수준의 모바일 앱을 절차적으로 구현할 수 있는지를 평가
2급	모바일 앱의 개발 환경을 이해하고 UI/UX 디자인과 업 프로그래밍을 통해 중급 수준의 모바일 앱을 절차적으로 기획 및 개발할 수 있는지를 평가
1급	실무에서 활용할 수 있는 고급 수준의 모바일 앱을 UI/UX 디자인과 앱 프로그래밍을 통해 창의적으로 기획 및 개발할 수 있는지를 평가
전문가	실무에서의 다양한 요구사항을 이해하고, 이에 대한 해결책을 앱 프로그래밍과 피지컬 컴퓨팅을 통해 창의적으로 설계하고 구현할 수 있는지를 평가

■ 시험과목 안내

등급	검정과목	검정방법	시험시간	합격기준
3급	• UI/UX 디자인(초) • 앱 개발(초)	작업형 (5문항)	40분	60점 이상 (100점 만점)
2급	• UI/UX 디자인(중) • 앱 개발(중)	작업형 (5문항)	40분	70점 이상 (100점 만점)
1급	• UI/UX 디자인(고) • 앱 개발(고)	작업형 (5문항)	40분	70점 이상 (100점 만점)
전문가	• UI/UX 디자인(고고 앱 개발) • (고) 하드웨어 구현	작업형 (5문항)	60분	80점 이상 (100점 만점)

■ 검정수수료

종목	3급	2급	1급	전문가
ADT	20,000원	25,000원	25,000원	50,000원

- 결제이용 수수료 : 결제이용 수수료 검정수수료이외 별도 금액입니다.
  인터넷 결제수수료(1,200원), 단체(3인 이상) 무료
- 자격증 발급비용 : 발급비용(3,500원)+결제수수료(600원)+발송비용(2,300원)=6,400원
  단체(3인 이상) : [발급비용(3,500원)X 발급인원]+발송비용(2,300원)

■ 환불 및 연기

내용	규정
인터넷 접수 종료일(18:00)까지	100% 환불
인터넷 접수 종료일(18:01)부터 시험주 월요일(18:00)까지	50% 환불

- 시험연기는 다음 회차 1회에 가능, 자세한 환불 및 연기 규정 홈페이지 참조

■ 전국 지역본부 연락처

서울
TEL. 070-5142-0017　E-mail. rjh2852@naver.com

경기서부/인천
TEL. 02-3676-9607　E-mail. khj4963@naver.com

경기북부
TEL. 031-979-3929　E-mail. sjj2389@naver.com

경기동부
TEL. 031-709-3071　E-mail. jounbooks@naver.com

경기중부
TEL. 02-326-5112　E-mail. cdt-aso@naver.com

충청
TEL. 041-551-6917　E-mail. manzzang03@naver.com

대전
TEL. 042-252-9323　E-mail. sk4210@hanmail.net

대구/경북
TEL. 053-263-2632　E-mail. jj04370@naver.com

부산
TEL. 051-327-8899　E-mail. lsw7211@hanmail.net

울산
TEL. 052-257-8094　E-mail. yjedu8092@nate.com

경남
TEL. 055-295-2286　E-mail. bsp5444@hanmail.net

전남/광주
TEL. 062-974-0747　E-mail. ilsy826@nate.com

전북
TEL. 063-284-6268　E-mail. jbdreamup@naver.com

제주
TEL. 064-725-7955　E-mail. comsam9664@nate.com

답안전송프로그램 사용 방법

1. 프로그램 실행

- 바탕화면의 [CTCE-수험자] 바로 가기 아이콘을 더블클릭합니다.

2. 유의사항 확인 및 시험정보 입력

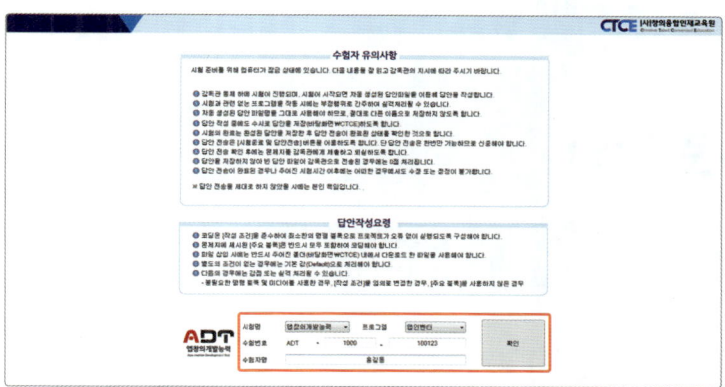

- 수험자 유의사항 및 답안작성요령을 확인 후 시험정보(시험명, 프로그램, 수험번호, 수험자명)를 입력합니다.
- [확인] 버튼을 누르면 대기상태로 전환되며, 감독관에 의해 시험이 시작됩니다.

3. 시험 진행

- 답안전송프로그램에서 자동으로 파일명이 생성되므로, 임의로 파일명을 변경하지 않도록 합니다.
- 코딩 작업 중간에도 수시로 답안 파일을 [저장]하고, 최종 답안 파일 완료 후에는 [시험 종료 및 답안전송] 버튼을 눌러 시험을 종료합니다. (다른 이름으로 저장하지 않도록 함)

PART 01 앱 인벤터 시작하기

유형 01	크롬 설치와 회원 가입	008
유형 02	앱 인벤터 시작	014
유형 03	앱 테스트와 설치	029

PART 02 유형 사로잡기

유형 01	프로젝트 시작	036
유형 02	앱 디자인	040
유형 03	앱 코딩	064
유형 04	완성된 프로젝트 저장	075

PART 03 예제로 정복하기

예제 01	나만의 시계	080
예제 02	텍스트를 입력하면 읽어주기	083
예제 03	나만의 갤러리	086
예제 04	주소가 사라지는 웹브라우저	089
예제 05	나만의 녹음기	092
예제 06	바코드 스캐너	095
예제 07	보이스 메모장	098
예제 08	이동 거리 측정기	101
예제 09	듀얼 웹브라우저	104
예제 10	공으로 그리는 그림판	107

PART 04 실전모의고사

제 01 회	실전모의고사	112
제 02 회	실전모의고사	116
제 03 회	실전모의고사	120
제 04 회	실전모의고사	124
제 05 회	실전모의고사	128
제 06 회	실전모의고사	132
제 07 회	실전모의고사	136
제 08 회	실전모의고사	140
제 09 회	실전모의고사	144
제 10 회	실전모의고사	148
제 11 회	실전모의고사	152
제 12 회	실전모의고사	156
제 13 회	실전모의고사	160
제 14 회	실전모의고사	164
제 15 회	실전모의고사	168
제 16 회	실전모의고사	172
제 17 회	실전모의고사	176
제 18 회	실전모의고사	180
제 19 회	실전모의고사	184
제 20 회	실전모의고사	188

ADT 앱창의개발능력

PART 01

앱 인벤터 시작하기

유형 **01** 크롬 설치와 회원 가입

유형 **02** 앱 인벤터 시작

유형 **03** 앱 테스트와 설치

유형 01 크롬 설치와 회원 가입

앱 인벤터를 사용하기 위해 구글 크롬을 설치한 다음 회원으로 가입하고 로그인하는 방법에 대해 알아봅니다.

주요 기능
- 구글 크롬 설치
- 회원 가입
- 로그인

결과 화면

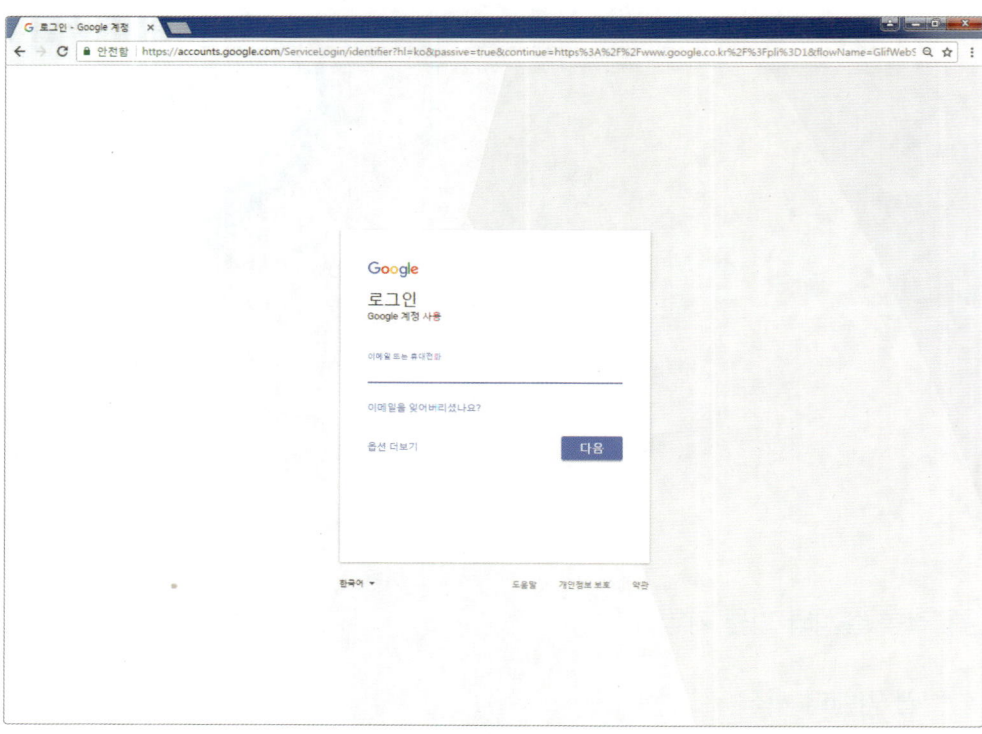

▲ 구글 로그인 화면

출제유형

- Step 01 : 구글 크롬을 설치하는 방법에 대해 알아본다.
- Step 02 : 구글에 회원으로 가입하는 방법에 대해 알아본다.
- Step 03 : 구글에 로그인하는 방법에 대해 알아본다.

 구글 크롬 설치하기

작성조건 : 앱 인벤터를 사용하기 위해 구글 크롬을 설치하는 방법에 대해 알아본다.

❶ 인터넷 익스플로러를 실행한 다음 네이버(http://www.naver.com)와 같은 검색 엔진에서 '구글 크롬'이라고 검색합니다.

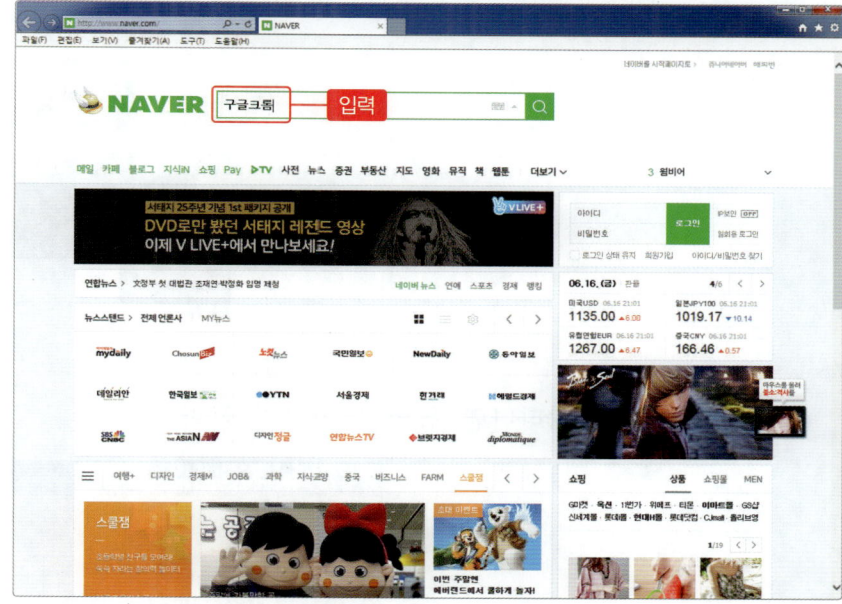

❷ 검색 결과에서 [구글 크롬]을 클릭합니다.

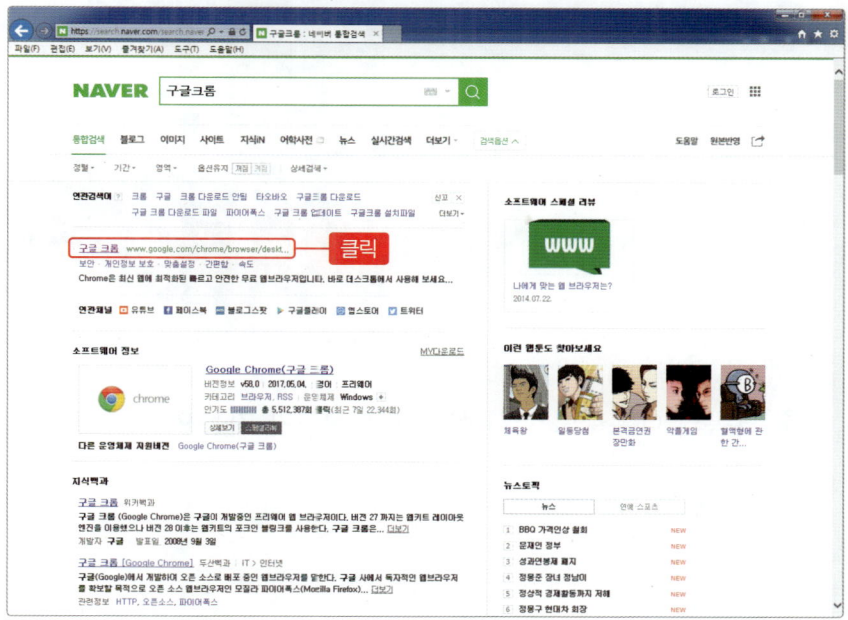

❸ 구글 크롬 홈페이지가 나타나면 [Chrome 다운로드]를 클릭합니다.

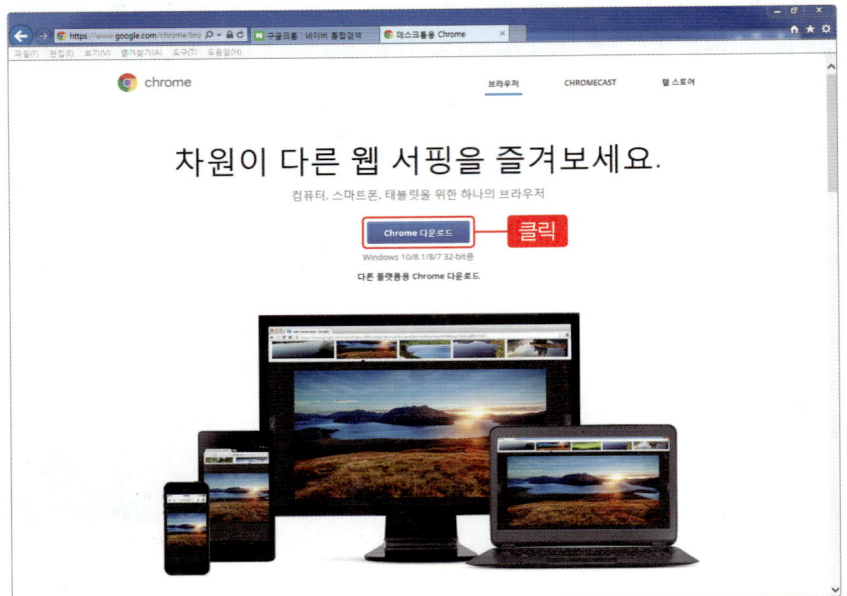

❹ 서비스 약관이 나타나면 [동의 및 설치]를 클릭합니다.

❺ 크롬의 다운로드가 시작된 다음 설치가 자동으로 진행됩니다.

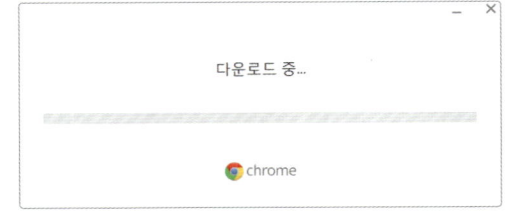

❻ 크롬의 설치가 끝나면 바탕화면에 크롬의 바로 가기가 만들어집니다.

Step 02 구글 회원 가입하기

작성조건 : 구글에 회원으로 가입하고 로그인하는 방법에 대해 알아본다.

❶ 구글에 회원으로 가입하기 위해 [로그인]을 클릭합니다.

❷ [로그인] 페이지가 나타나면 [옵션 더보기]를 클릭합니다. 새로운 계정을 만들기 위해 [계정 만들기]를 클릭합니다.

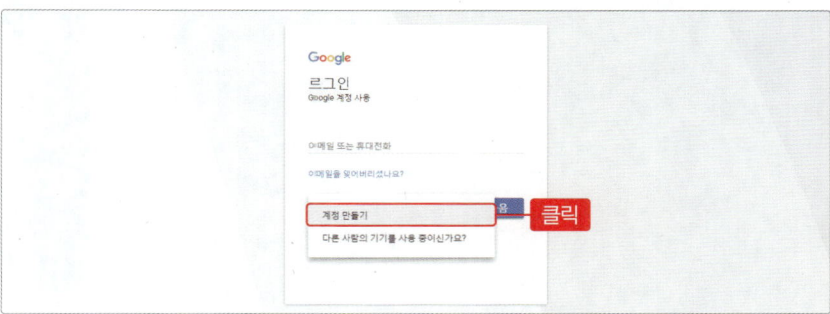

❸ [Google 계정 만들기] 창이 나타나면 정보를 입력하고 [다음 단계]를 클릭합니다.

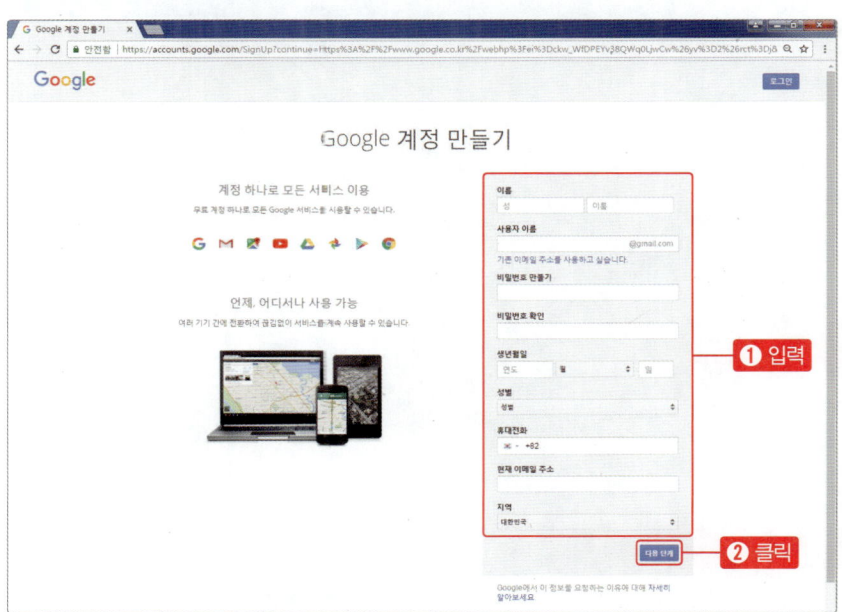

❹ [개인정보 보호 및 약관]이 나타나면 내용을 읽어본 후 [동의]를 클릭합니다.

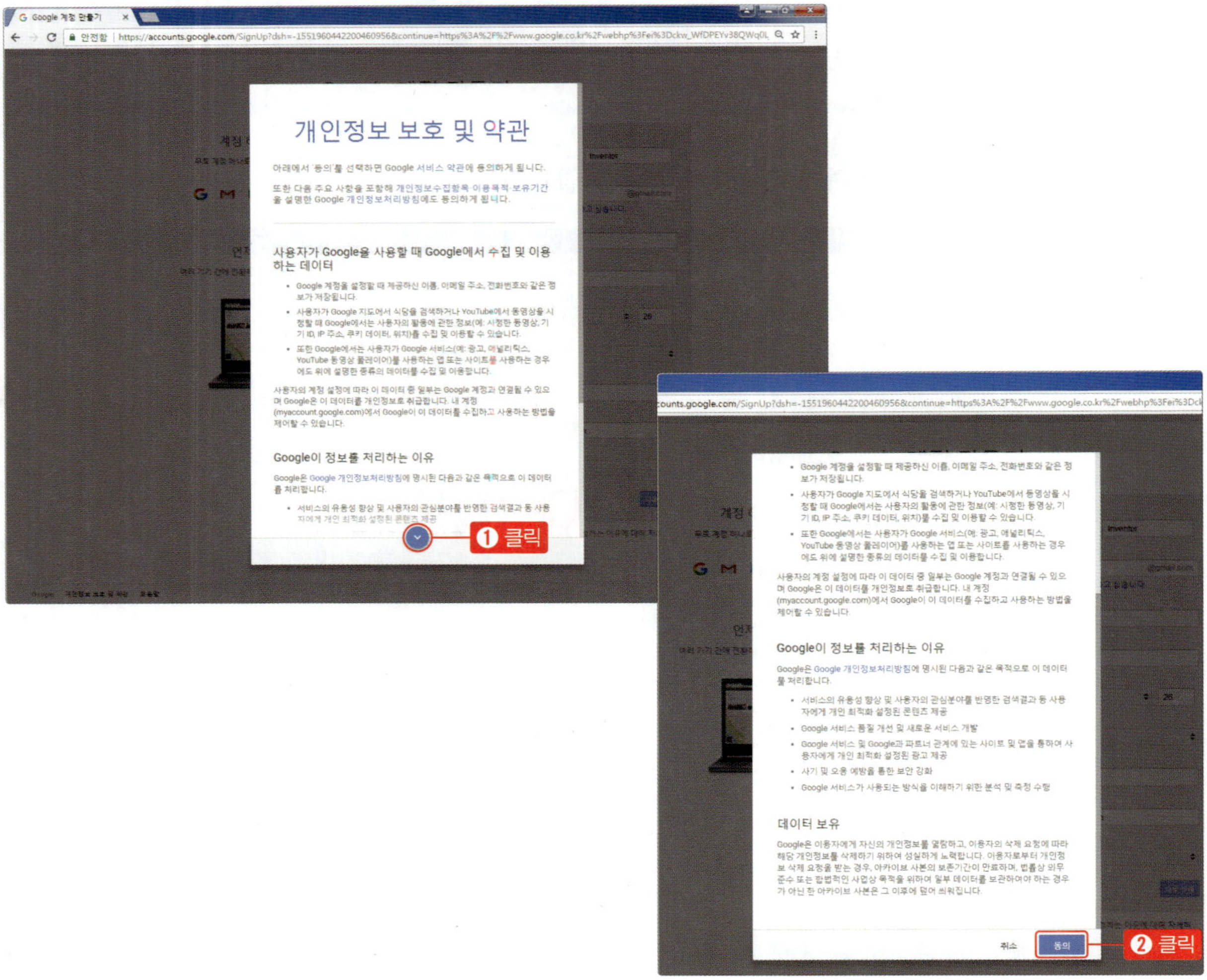

❺ 가입이 완료되면 [계속]을 클릭합니다.

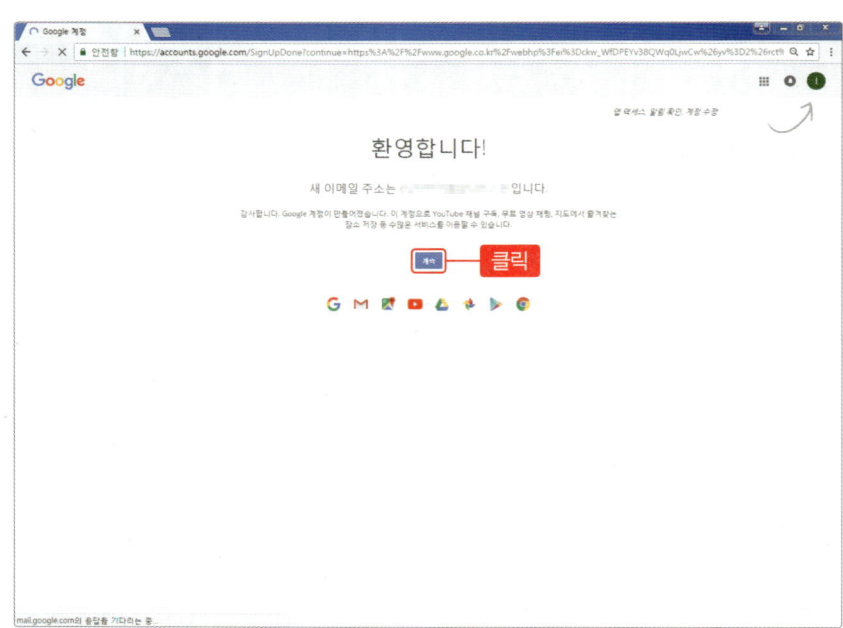

Step 03 구글 로그인과 로그오프

작성조건 : 구글에 로그인하는 방법에 대해 알아본다.

❶ 크롬을 실행한 다음 구글 홈페이지(https://www.google.co.kr/)에서 [로그인]을 클릭합니다.

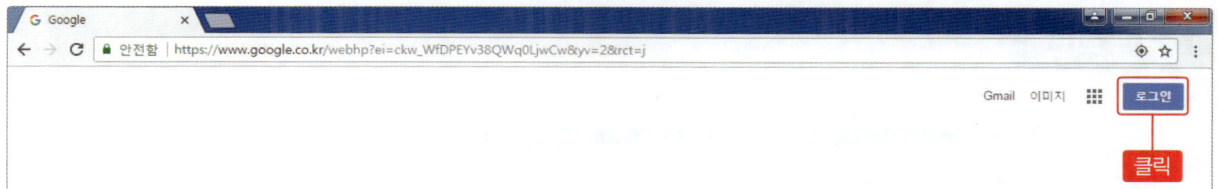

❷ [로그인] 창이 나타나면 이메일 주소를 입력하고 [다음]을 클릭합니다. 비밀 번호를 입력한 후 [다음]을 클릭합니다. 구글에 로그인되면서 사용자 이름이 표시됩니다.

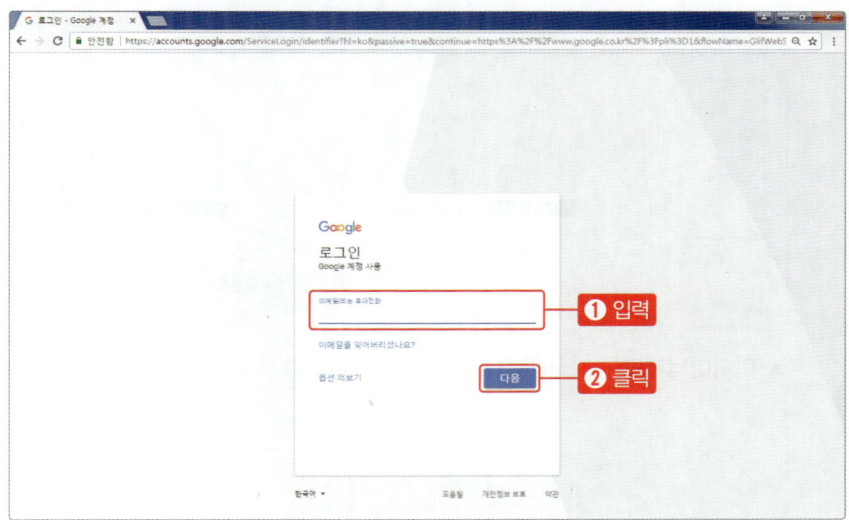

❸ 구글에서 로그아웃하려면 [새 탭]의 👤를 클릭한 다음 [로그아웃]을 클릭합니다.

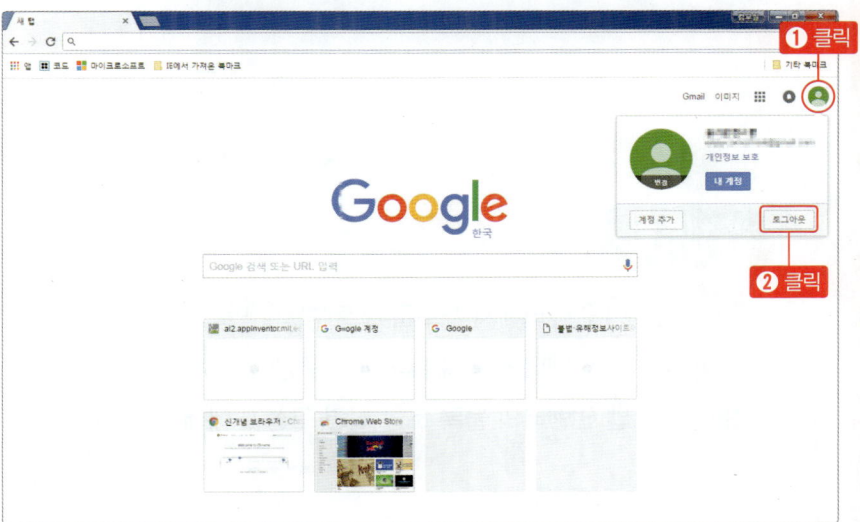

유형 02 앱 인벤터 시작

앱 인벤터를 실행하여 앱 인벤터의 디자이너 화면과 블록 조합 화면을 이해하고 구성과 메뉴에 대해 알아봅니다.

주요 기능
- 앱 인벤터 시작
- 디자이너 화면 구성
- 블록 조합 화면 구성

결과 화면

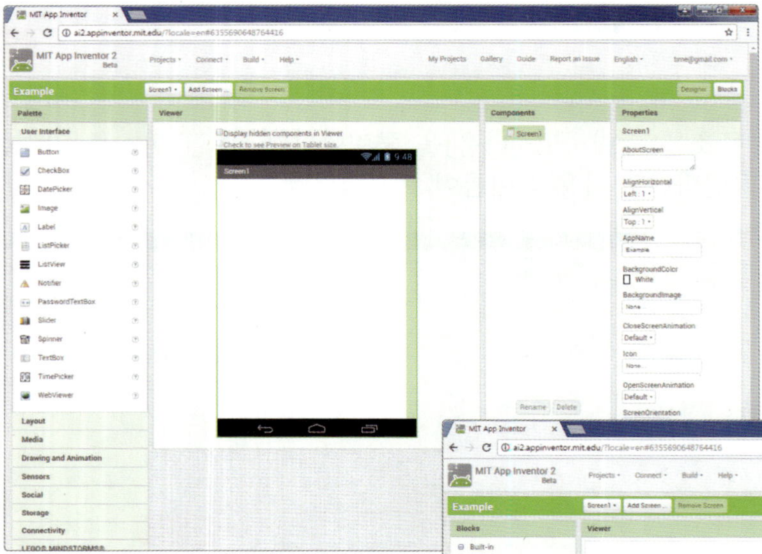

▲ 디자이너 화면

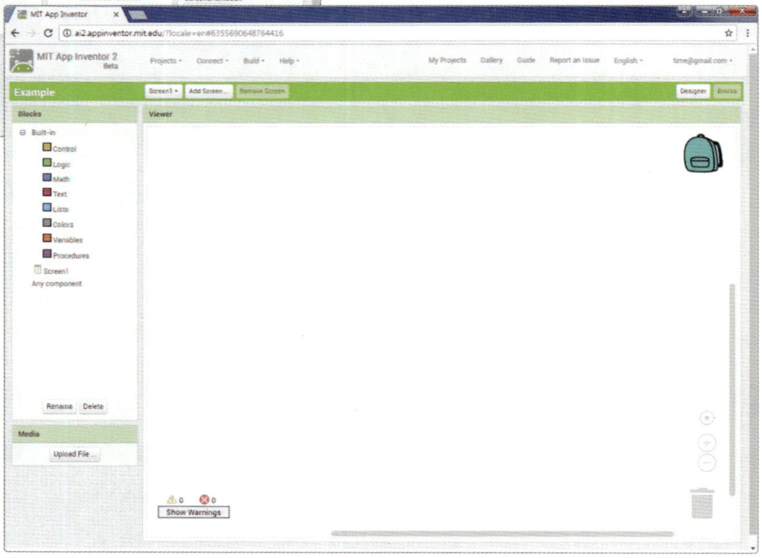

▲ 블록 조합 화면

출제유형

- Step 01 : 앱 인벤터에서 새로운 프로젝트를 만드는 방법에 대해 알아본다.
- Step 02 : 앱 인벤터의 디자이너 화면 구성에 대해 알아본다.
- Step 03 : 앱 인벤터의 블록 조합 화면 구성에 대해 알아본다.

Step 01 앱 인벤터 실행

작성조건 : 구글 크롬을 실행하여 앱 인벤터를 실행하는 방법에 대해 알아본다.

❶ 크롬을 실행한 다음 앱 인벤터(http://appinventor.mit.edu/explore/) 홈페이지에서 [Create apps!]를 클릭합니다.

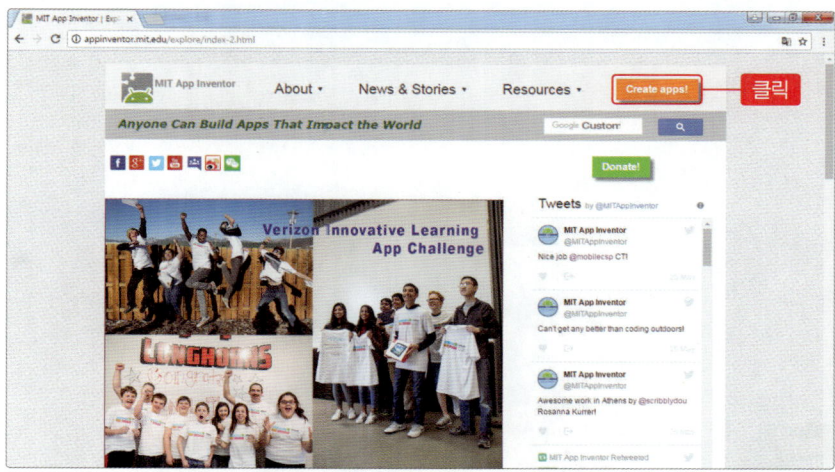

Hint

구글에 로그인하지 않으면 로그인 화면이 나타납니다. [로그인] 창이 나타나면 이메일 주소를 입력하고 [다음]을 클릭합니다. 비밀 번호를 입력한 후 [다음]을 클릭해 로그인합니다.

❷ 앱 인벤터 화면이 나타나면 새로운 프로젝트를 만들기 위해 [Projects(프로젝트)]-[Start new project(새 프로젝트 시작)]를 클릭합니다.

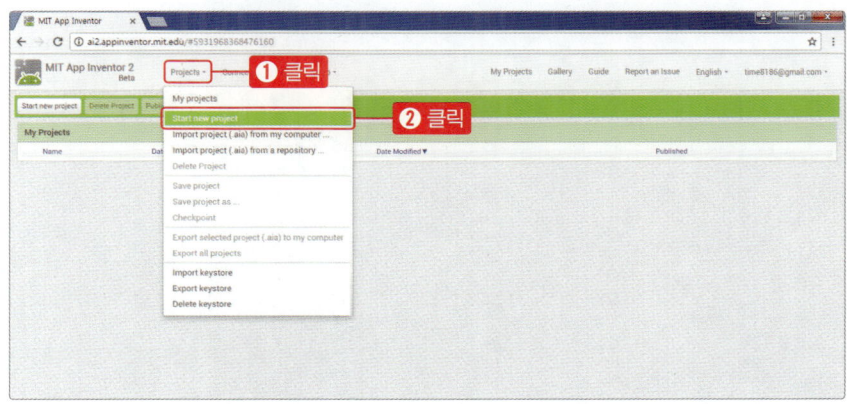

❸ 프로젝트 이름을 입력하고 [OK(확인)]를 클릭합니다. 프로젝트 이름으로는 한글을 사용할 수 없습니다.

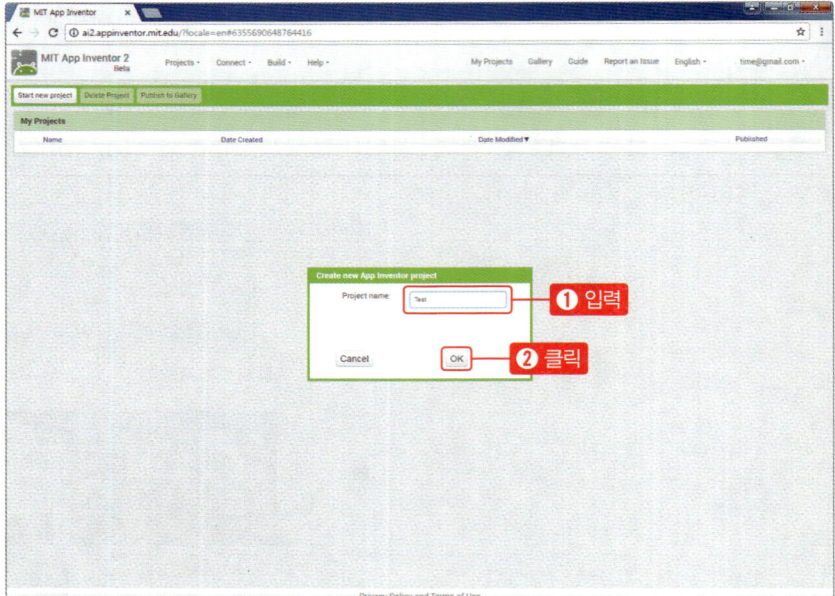

Hint

이전에 만들었던 프로젝트가 있으면 프로젝트 목록이 표시됩니다. 이전 프로젝트를 열려면 프로젝트의 이름을 클릭합니다.

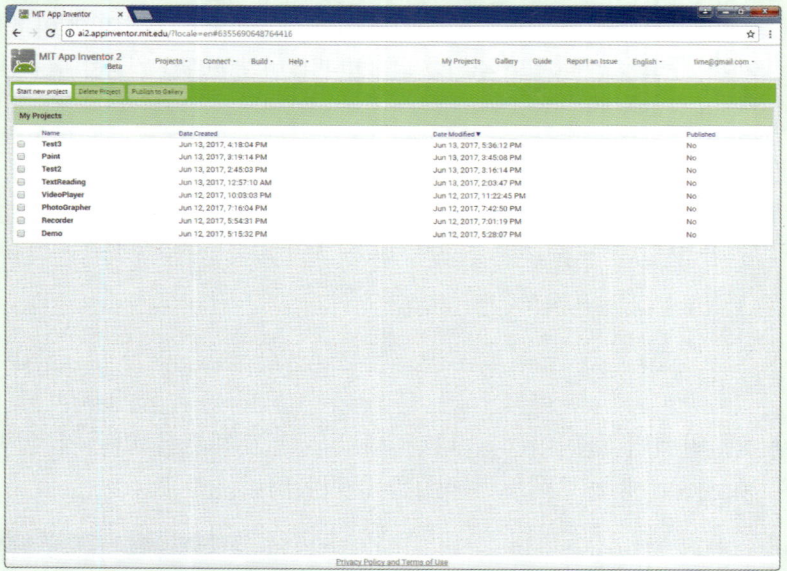

Step 02 디자이너 화면의 구성

작성조건 : 앱 인벤터의 디자이너 화면에 대해 알아본다.

앱 인벤터는 크게 디자이너 화면과 블록 조합 화면이 있습니다. 디자이너 화면에서는 컴포넌트와 미디어 등을 이용하여 안드로이드 폰에 보이는 화면을 구성하고 컴포넌트의 속성을 지정하는 작업을 합니다.

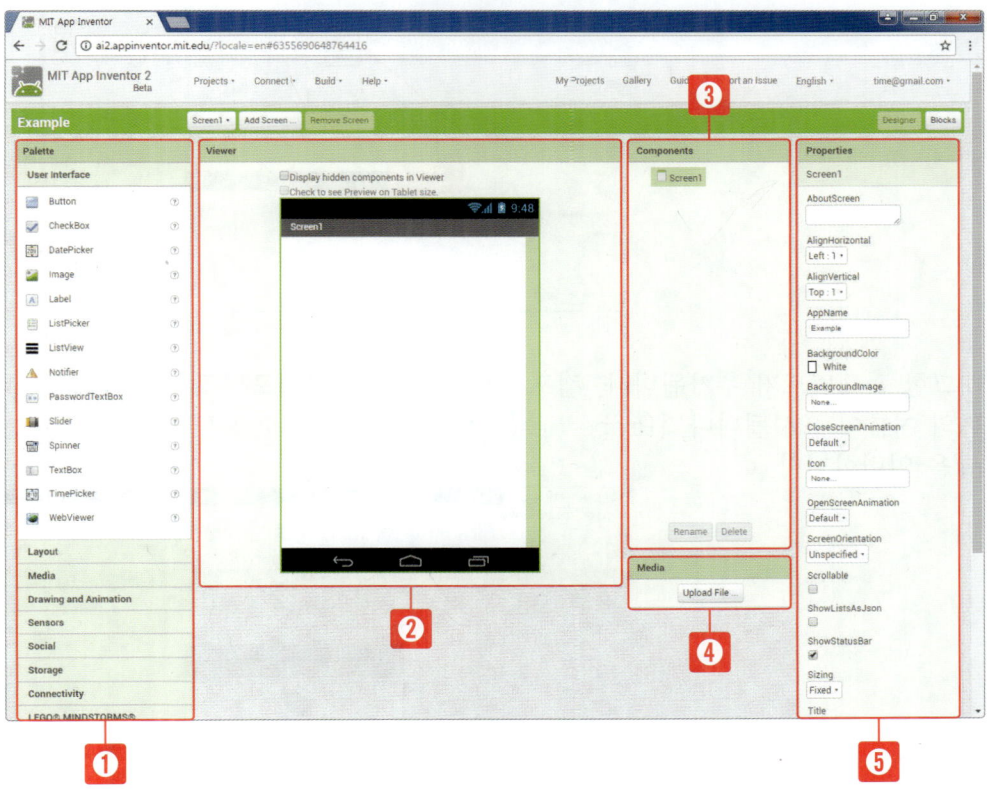

❶ **Palette(팔레트)** : 스마트폰을 꾸미기 위해 필요한 모든 컴포넌트를 모아 놓은 곳입니다.

❷ **Viewer(뷰어)** : 사용자가 만들 앱에 필요한 컴포넌트를 팔레트에서 찾아 배치하는 곳입니다. 실제 앱으로 만들어졌을 때 보이는 화면입니다.

❸ **Components(컴포넌트)** : 앱을 만들기 위해서 팔레트에서 꺼내 온 컴포넌트를 모아 놓은 공간입니다.

❹ **Media(미디어)** : 앱 제작에 필요한 사진, 음악, 영상들을 0 곳에 넣어 놓는 곳입니다.

❺ **Properties(속성)** : 각 컴포넌트들의 속성(크기, 위치, 색상 등)을 변경하는 곳입니다.

❶ 컴포넌트를 추가하려면 [Pallette(팔레트)]에서 사용할 컴포넌트의 그룹을 선택한 다음 [Screen(스크린)]으로 드래그해 추가합니다.

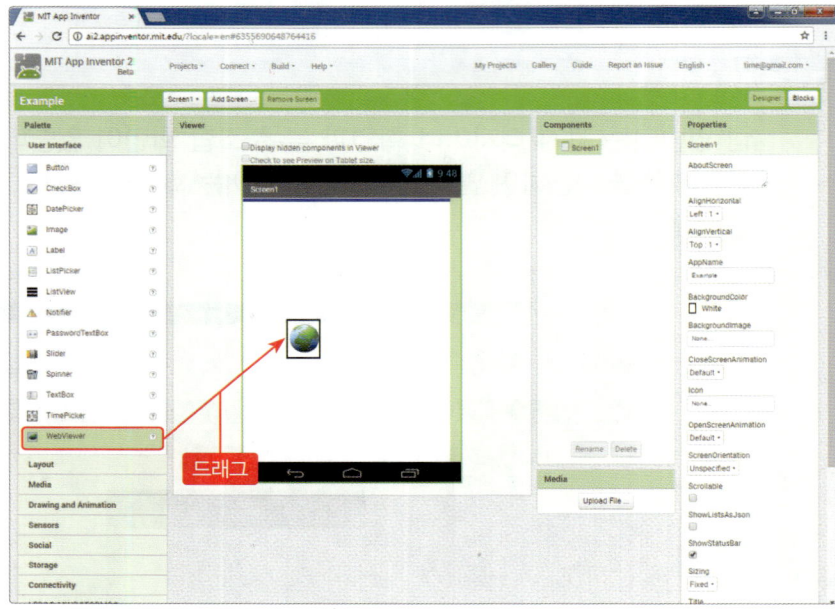

❷ 드래그한 컴포넌트가 추가됩니다. 컴포넌트가 추가되면 [컴포넌트(Components)]에 추가된 컴포넌트의 이름이 표시됩니다. [Properties(속성)]의 [HomeUrl(홈 URL)]에 'https://www.google.com'을 입력합니다.

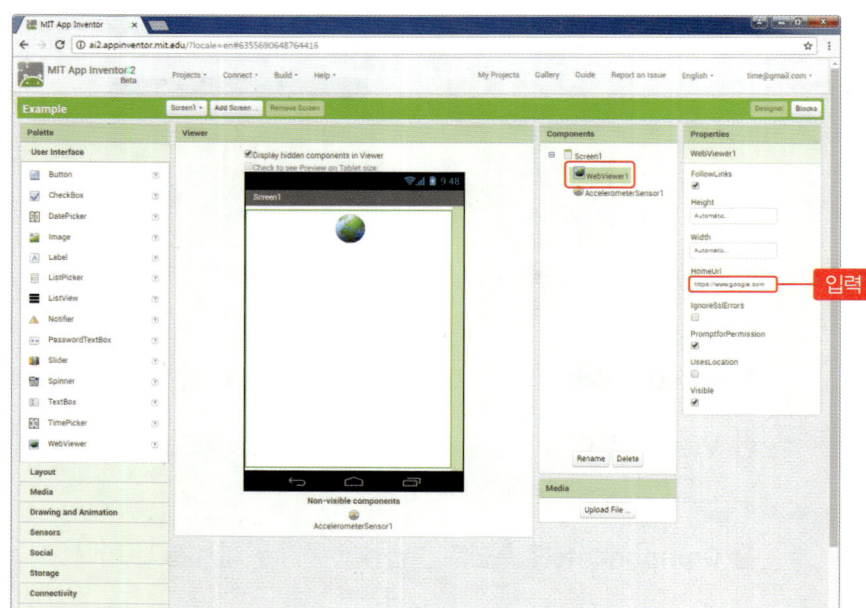

❸ 같은 방법으로 [Pallette(팔레트)]의 [Sensor(센서)] 그룹에서 [AccelerometerSensor(가속도 센서)]를 드래그해 추가합니다.

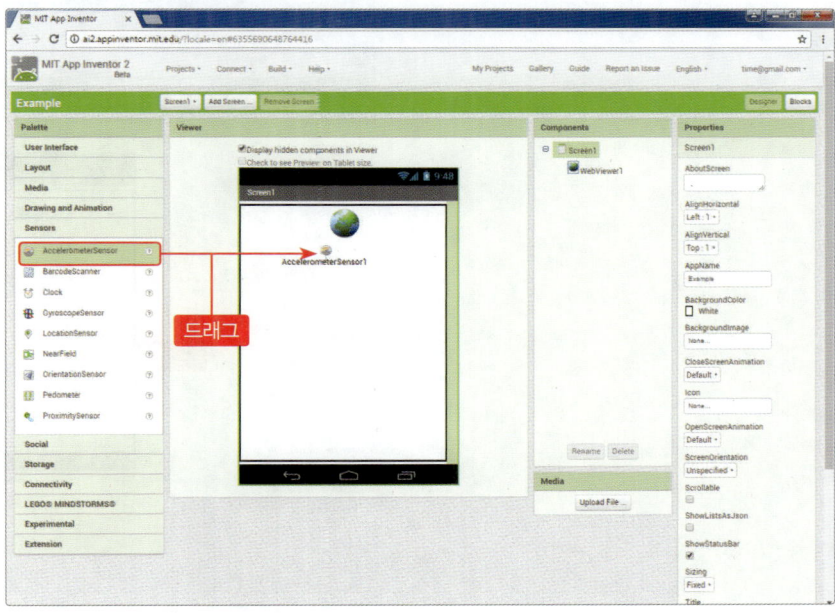

❹ 컴포넌트가 추가되었지만 [Screen(스크린)]에는 표시되지 않고 [Non-visible components(보이지 않는 컴포넌트)]에 추가됩니다.

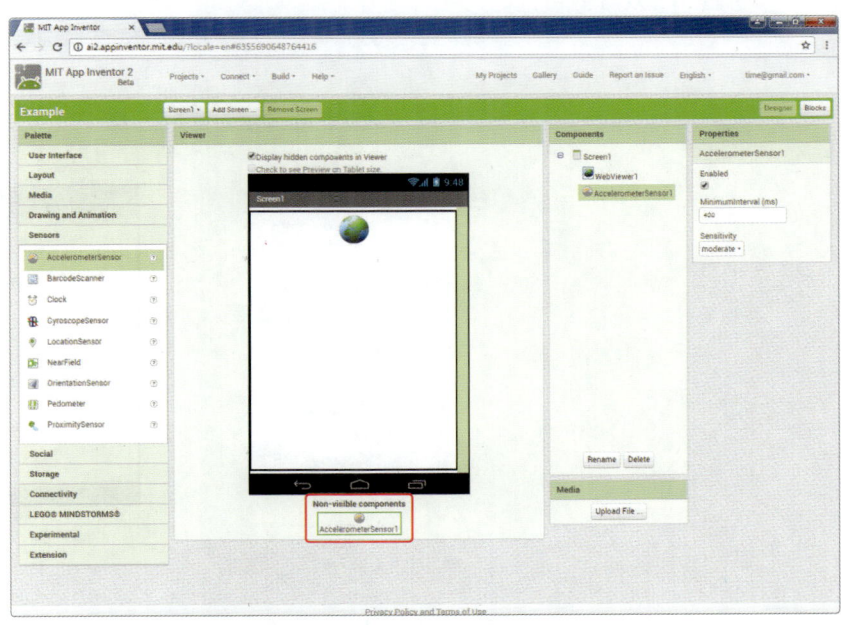

Hint

[Non-visible components(보이지 않는 컴포넌트)]는 프로젝트에서 사용할 수 있지만 화면에는 보이지 않는 컴포넌트입니다.

❺ 같은 방법으로 [Pallette(팔레트)]의 [Sensor(센서)] 그룹에서 [Clock(시계)]을 드래그해 추가합니다.

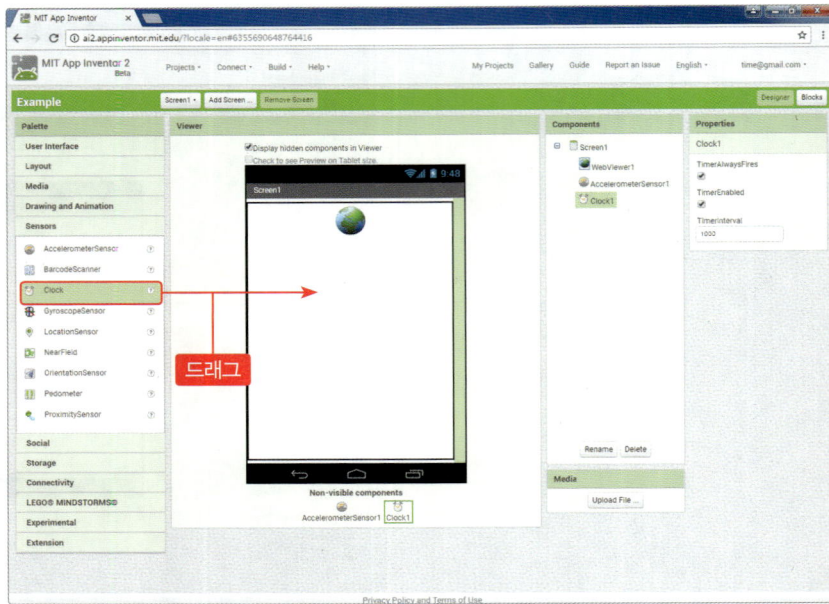

❻ [Components(컴포넌트)]에서 [Clock(시계)]을 선택한 다음 [Delete]를 클릭합니다. 삭제를 확인하는 창이 나타나면 [확인]을 클릭합니다. 이렇게 하면 잘못 추가한 Components(컴포넌트)를 지울 수 있습니다.

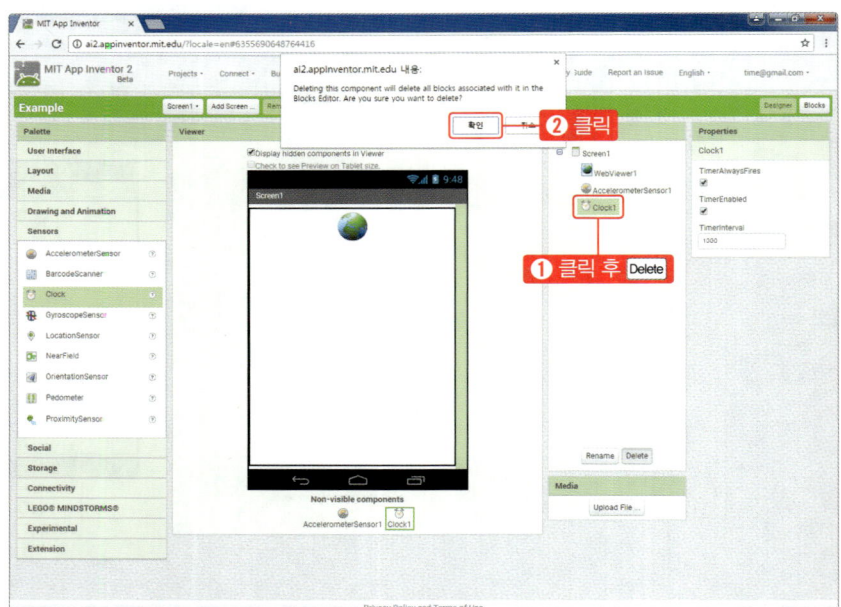

■ **User Interface(사용자 인터페이스)**

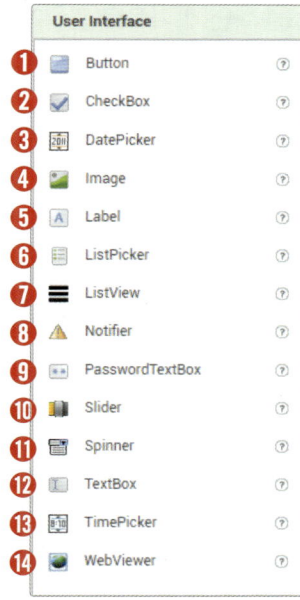

❶ **Button(버튼)** : 버튼은 클릭을 하면 연결된 동작을 수행하는 컴포넌트입니다.

❷ **CheckBox(체크 박스)** : 사용자 클릭에 따라 선택되거나 해제합니다.

❸ **DatePicker(날짜 선택)** : 클릭하면 날짜를 선택하는 대화창을 띄워주는 컴포넌트입니다.

❹ **Image(이미지)** : 이미지를 보여주기 위한 컴포넌트입니다.

❺ **Label(레이블)** : 레이블은 텍스트 속성에 지정된 글을 화면에 표시합니다.

❻ **ListPicker(목록 선택)** : 클릭하면 사용자에게 여러 선택지를 제공하는 컴포넌트입니다.

❼ **ListView(목록 뷰)** : 스크린에 문자들을 목록 모양으로 표시하는 컴포넌트입니다.

❽ **Notifier(알림)** : 함수를 사용하여 경고 창, 메시지, 임시 경고를 화면에 표시합니다.

❾ **PasswordTextBox(비밀번호 상자)** : 비밀번호를 입력하는 [TextBox(텍스트 상자)]입니다. 사용법은 [TextBox(텍스트 상자)]와 같지만, 사용자가 입력하는 문자가 표시되지 않습니다.

❿ **Slider(슬라이더)** : 조정 컨트롤을 드래그하여 진행 상태를 표시합니다.

⓫ **Spinner(스피너)** : 선택하면 목록을 팝업으로 표시합니다.

⓬ **TextBox(텍스트 상자)** : 텍스트를 입력받을 수 있거나 표시할 수 있습니다.

⓭ **TimePicker(시간 선택)** : 버튼을 클릭하면 시간을 선택할 수 있는 대화상자가 나타납니다.

⓮ **WebViewer(웹 뷰어)** : 웹 페이지를 표시합니다.

■ Layout(레이아웃)

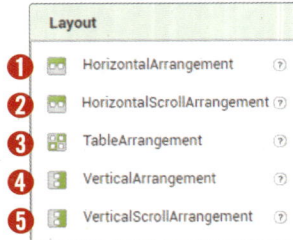

❶ **HorizontalArrangement(수평 배치)** : 컴포넌트들을 화면에 가로로(왼쪽에서 오른쪽으로) 배치시키는 레이아웃 요소입니다.

❷ **HorizontalScrollArrangement** : 컴포넌트들을 화면에 가로로(왼쪽에서 오른쪽으로) 배치시키는 레이아웃 요소로서 필요에 따라 스크롤을 생성합니다.

❸ **TableArrangement(표 배치)** : 컴포넌트들을 표 형태로 배치하는 레이아웃 요소입니다.

❹ **VerticalArrangement(수직 배치)** : 컴포넌트들을 화면에 세로로(위쪽에서 아래쪽으로) 배치시키는 레이아웃 요소입니다.

❺ **VerticalScrollArrangement** : 컴포넌트들을 화면에 세로로(위쪽에서 아래쪽으로) 배치시키는 레이아웃 요소로서 필요에 따라 스크롤을 생성합니다.

■ Media(미디어)

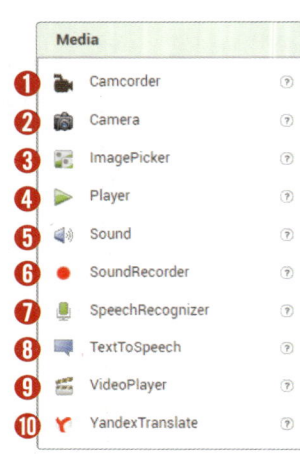

❶ **Camcoder(캠코더)** : 캠코더를 사용하여 영상을 녹화합니다.

❷ **Camera(카메라)** : 카메라를 사용하여 사진을 찍는 컴포넌트입니다.

❸ **ImagePicker(이미지 선택)** : 사용자가 이미지 선택을 누르면, 스마트 폰의 갤러리가 실행되어 원하는 이미지를 선택할 수 있습니다.

❹ **Player(플레이어)** : 음악을 재생하거나 스마트폰의 진동을 울리게 하는 멀티미디어 컴포넌트입니다.

❺ **Sound(소리)** : 소리 파일을 재생하는 멀티미디어 컴포넌트입니다.

❻ **SoundRecorder(녹음기)** : 소리를 녹음합니다.

❼ **SpeechRecognizer(음성 인식)** : 음성 인식 기능을 사용하여 입력된 말을 글로 변환합니다.

❽ **TextToSpeech(음성 변환)** : 음성 변환 기능을 사용하여 글을 말로 바꿉니다.

❾ **VideoPlayer(비디오 플레이어)** : 비디오를 재생할 수 있는 멀티미디어 컴포넌트입니다. 앱이 실행되면, 비디오 플레이어가 화면에 네모나게 나타납니다.

❿ **YandexTranslate(Yandex 번역)** : 단어나 문장을 다른 언어로 번역합니다.

■ Drawing and Animation(그리기 & 애니메이션)

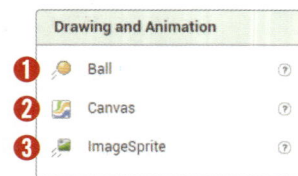

❶ **Ball(공)** : 동그란 스프라이트로 캔버스내에서 이리저리 움직일 수 있습니다.

❷ **Canvas(캔버스)** : 터치 가능한 2차원 패널로 그림을 그릴 수도 있고 스프라이트를 움직일 수도 있습니다.

❸ **ImageSprite(이미지 스프라이트)** : 이미지 스프라이트는 캔버스에 놓을 수 있습니다. 터치나 드래그에 반응하고 지정된 속성에 따라 움직일 수 있습니다.

■ Sensors(센서)

❶ **AccelerometerSensor(가속도 센서)** : 흔들림을 감지합니다.

❷ **BarcodeScanner(바코드 스캐너)** : 바코드 스캐너를 사용하여 바코드를 읽을 수 있습니다.

❸ **Clock(시계)** : 스마트폰의 시계, 타이머, 그리고 시간 계산을 할 수 있습니다.

❹ **GyroscopeSensor** : 초 단위로 3차원의 각속도를 측정합니다.

❺ **LocationSensor(위치 센서)** : 경도, 위도, 고도, 주소와 같은 위치 정보를 제공합니다.

❻ **NearField(NFC)** : NFC 기능을 제공합니다.

❼ **OrientationSensor(방향 센서)** : 3차원 공간에서의 기기의 물리적 방향에 대한 정보를 제공합니다.

❽ **Pedometer** : 걸음 수를 셀 수 있습니다.

❾ **ProximitySensor(근접 센서)** : 기기의 스크린으로부터 상대적으로 물체가 얼마나 근접해있는지를 측정합니다.

■ Social(소셜)

❶ **ContactPicker(연락처 선택)** : 버튼을 클릭하면 연락처를 선택할 수 있는 목록을 표시합니다.

❷ **EmailPicker(이메일 선택)** : 이메일 선택은 텍스트 상자의 한 종류입니다.

❸ **PhoneCall(전화)** : 전화번호 속성에 지정된 번호로 전화를 겁니다.

❹ **PhoneNumberPicker(전화번호 선택)** : 버튼을 클릭하면 선택 가능한 전화번호 목록을 화면에 표시합니다.

❺ **Sharing(공유)** : 기기에 설치된 다른 앱들에 파일이나 메시지를 공유할 수 있도록 합니다.

❻ **Texting(문자 메시지)** : 메시지 보내기 함수가 호출되면, 전화번호 속성의 전화번호로 메시지 속성의 값을 내용으로 하는 문자 메시지를 보냅니다.

❼ **Twitter(트위터)** : 트위터와 통신하기 위해 사용합니다.

■ Storage(저장소)

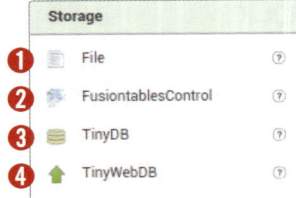

❶ **File(파일)** : 파일을 저장하고 검색하는데 사용합니다.

❷ **FusiontablesControl(퓨전 테이블 제어)** : 구글 퓨전 테이블과 통신합니다.

❸ **TinyDB** : TinyDB는 앱에 데이터를 저장할 수 있습니다.

❹ **TinyWebDB** : 정보를 저장하고 검색하기 위해 웹 서비스와 통신합니다.

■ Connectivity(연결)

❶ **ActivityStarter(액티비티 스타터)** : 액티비티 시작 함수를 사용하여 액티비티를 실행시킵니다.

❷ **BluetoothClient(블루투스 클라이언트)** : 블루투스 클라이언트 컴포넌트로서 블루투스를 이용하여 다른 장치와 연결할 수 있습니다.

❸ **BluetoothServer(블루투스 서버)** : 블루투스 서버 컴포넌트로서 블루투스를 이용하여 다른 장치와 연결할 수 있습니다.

❹ **Web(웹)** : HTTP GET, POST, PUT, DELETE 요청을 보내는 보이지 않는 컴포넌트입니다.

Step 03 블록 조합 화면의 구성

작성조건 : 앱 인벤터의 블록 조합 화면에 대해 알아본다.

블록 조합 화면은 사용자의 행동에 따라 동작하도록 만드는 작업을 합니다.

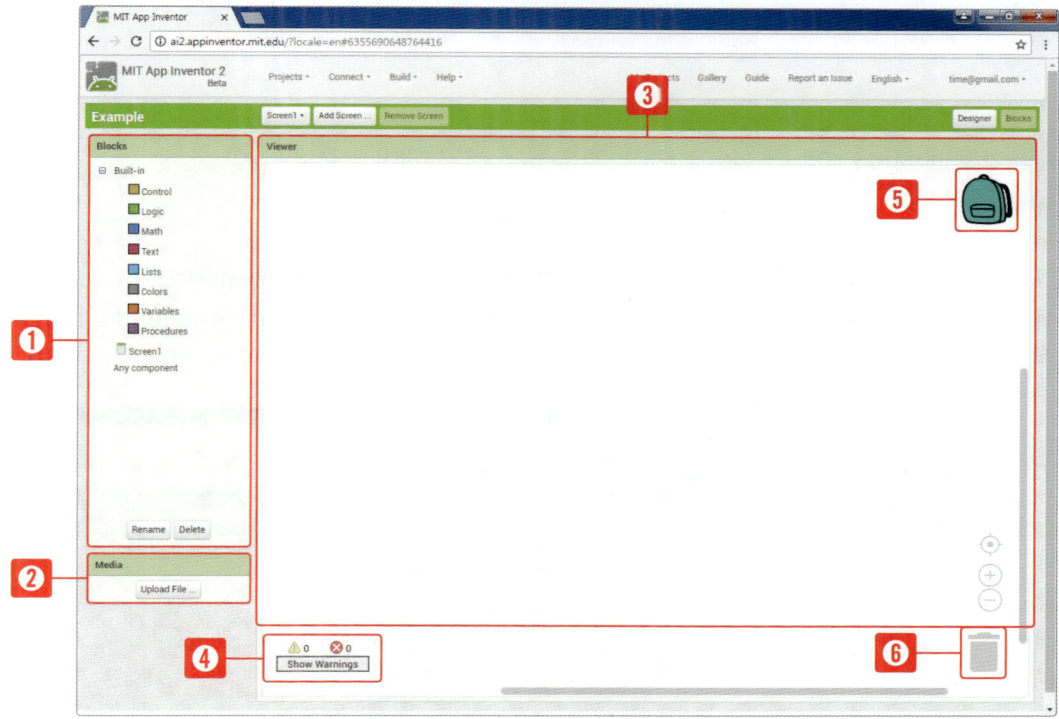

❶ **Blocks(블록 모음)** : 프로젝트에서 사용 가능한 컴포넌트 목록이 보입니다. 각 컴포넌트를 클릭하면 컴포넌트에서 사용할 수 있는 블록들이 나타납니다.

- Built-in : 기본적으로 사용할 수 있는 컴포넌트들이 모여 있는 곳입니다.
- Screen1 : 앱을 만들기 위해 디자이너 화면에서 추가한 컴포넌트들이 모여 있는 곳입니다.

❷ **Media** : 프로젝트에 추가된 미디어 파일의 목록이 표시됩니다. [UploadFile(파일 올리기)]을 클릭하면 미디어 파일을 추가할 수 있습니다.

❸ **Viewer(블록 뷰어)** : 블록 영역에서 꺼내 온 블록들을 조립하여 동작을 만들기 위해 사용하는 공간입니다.

❹ **Show Warning(경고 보이기)** : 잘못 코딩하여 발생한 경고와 오류의 개수를 표시합니다. 경고는 무시해도 앱을 Build(빌드)할 수 있지만 오류는 무시하는 경우 앱을 Build(빌드)할 수 없습니다.

❺ **Backpack(백팩)** : 자주 사용하는 블록을 넣어놓은 다음 쉽게 꺼내어 사용할 수 있습니다.

❻ **Trashcan(휴지통)** : 필요 없는 블록을 드래그해 삭제할 수 있습니다.

① 디자이너 화면에서 블록 조합 화면으로 바꾸려면 [Blocks(블록)]을 클릭합니다.

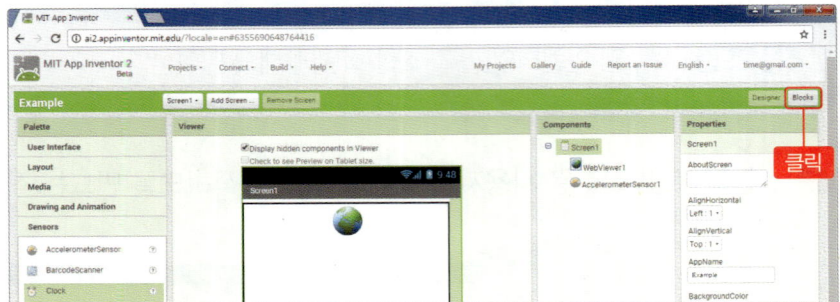

Hint

블록 조합 화면에서 디자이너 화면으로 바꾸려면 [Designer(디자이너)]를 클릭합니다.

② [Blocks(블록)]에서 [AccelerometerSensor1]을 선택하면 [AccelerometerSensor(가속도 센서)]에서 사용할 수 있는 블록이 나타납니다. 이 중 [when AccelerometerSensor1 Shaking(언제 가속도_센서1 흔들림)] 블록을 [Viewer(뷰어)]로 드래그합니다.

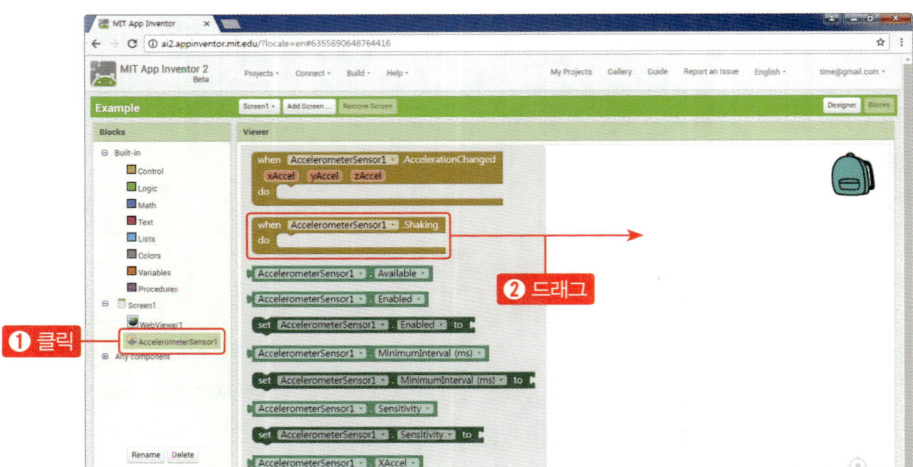

③ 드래그한 블록이 [Viewer(뷰어)]에 추가됩니다.

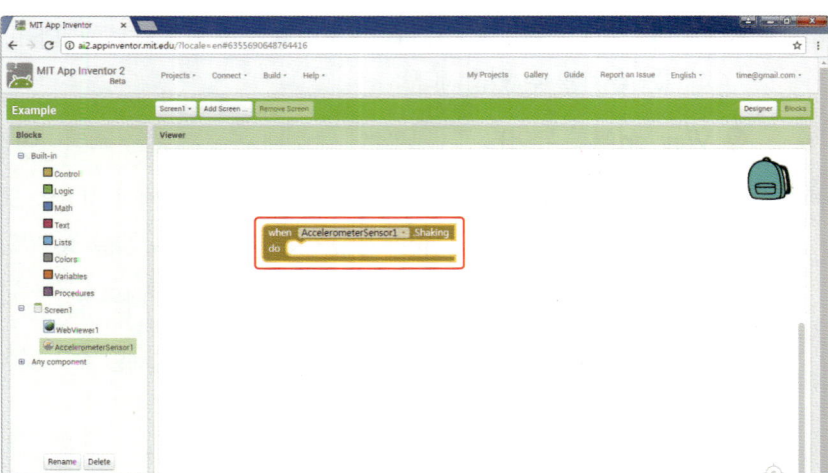

❹ [Blocks(블록)]에서 [Webviewer1(웹뷰어1)]을 선택합니다. [Set WebViewer1 HomeUrl(지정하기 웹뷰어1 홈 URL)] 블록을 드래그해 연결합니다.

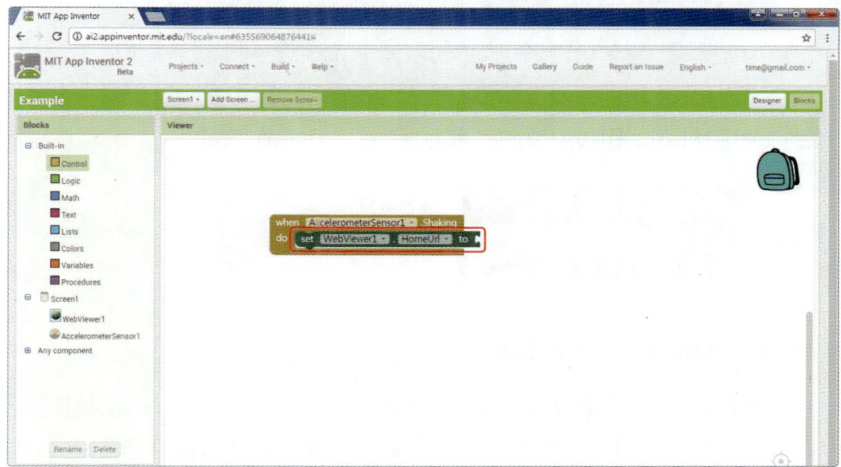

❺ [Blocks(블록)]에서 [Text(텍스트)]를 선택한 다음 블록을 연결합니다.

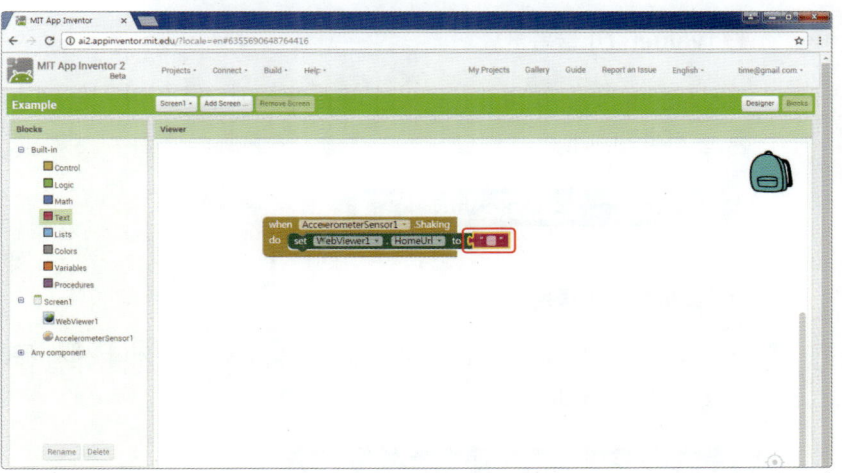

❻ 연결된 블록에 'https://www.google.com'을 입력합니다. 이렇게 하면 [AccelerometerSensor(가속도 센서)]가 흔들릴 때마다 [WebViewer1(웹뷰어1)]에 표시되는 홈페이지가 구글 홈페이지(www.google.com)로 바뀝니다.

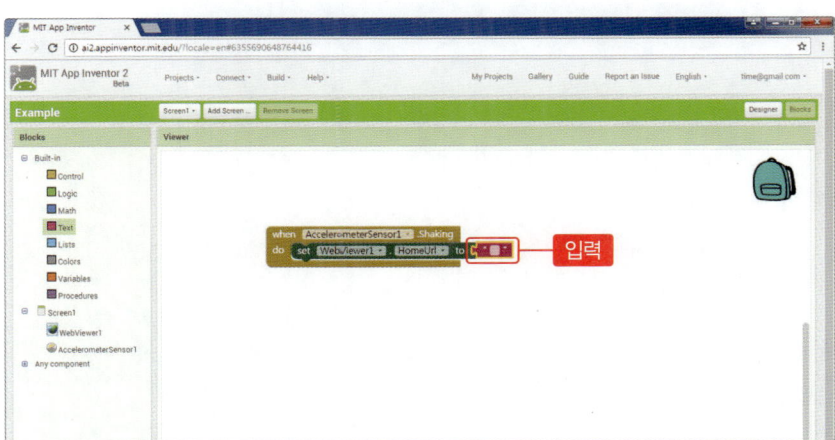

Part 01 앱 인벤터 시작하기 _ **027**

■ 블록의 모양 살펴보기

❶ [When(언제)] 블록

이벤트가 발생하면 수행할 동작을 [When(언제)] 블록 안에 블록을 연결합니다. 특정한 이벤트가 발생했는지 확인하여 이벤트가 발생하면 [When(언제)] 블록 안에 연결된 블록을 차례로 실행합니다. 같은 이름의 블록은 반드시 하나만 있어야 합니다.

❷ [set(지정하기)] 블록

컴포넌트의 속성을 바꿉니다. [When(언제)] 블록이나 [set(지정하기) 블록], [call(호출)] 블록 등의 아래에 연결할 수 있으며 [set(지정하기)] 블록의 오른쪽에는 값을 지정하는 [value(값)] 블록을 연결합니다.

❸ [value(값)] 블록

혼자서는 사용할 수 없고 [set(지정하기)] 블록에 연결하여 사용합니다. 컴포넌트 속성의 현재 값이나 연산 결과 등을 지정합니다.

❹ [call(호출)] 블록

함수를 호출하는 블록으로 프로그래머가 함수를 만들거나 센서 등에서 미리 정의되어 있는 함수를 호출하여 사용할 수 있습니다.

유형 03 앱 테스트와 설치

안드로이드 폰과 앱 인벤터를 연결하여 프로젝트를 테스트하는 'MIT AI2 Companion'의 설치 및 사용법에 대해 알아보고 완성된 앱을 설치하는 방법에 대해 알아봅니다.

주요 기능
- MIT AI2 Companion 설치와 사용법
- 앱 빌드와 설치

결과 화면

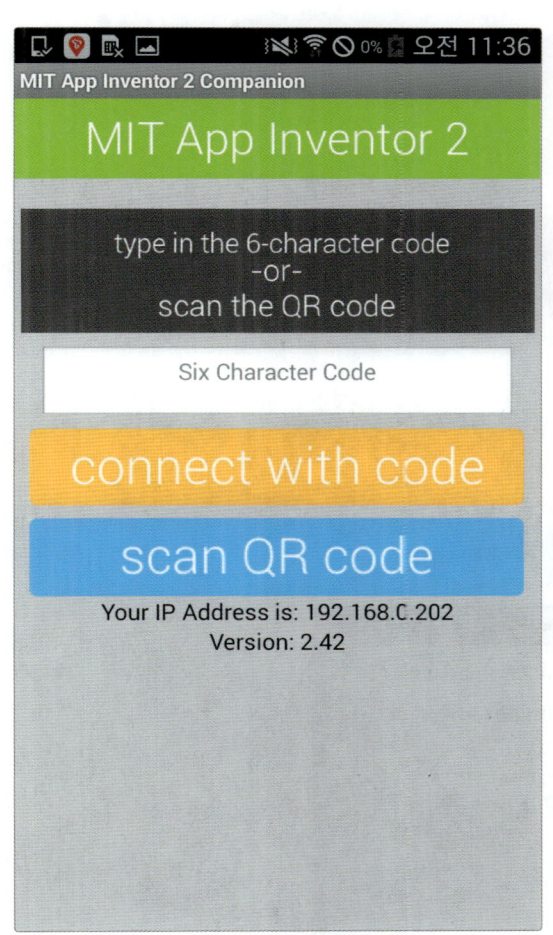

▲ MIT AI2 Companion

출제유형

- Step 01 : MIT AI2 Companion을 설치하고 사용하는 방법에 대해 알아본다.
- Step 02 : 완성된 앱을 빌드하고 안드로이드 폰에 설치하는 방법에 대해 알아본다.

Step 01 AI2 컴포니언 설치와 테스트

작성조건 : 'MIT AI2 Companion'의 설치 방법과 사용 방법에 대해 알아본다.

❶ 안드로이드 폰에서 [Play 스토어]를 실행합니다. 'MIT AI2 Companion'을 검색한 후 [설치]를 클릭해 앱 설치를 시작합니다.

❷ [동의]를 클릭해 설치를 진행합니다.

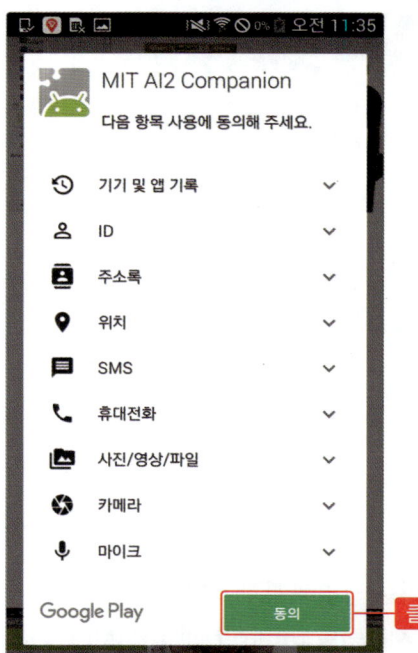

❸ [열기]를 클릭해 앱을 실행합니다.

❹ 'MIT App Inventor 2 Companion' 앱이 실행되면 [scan QR code]를 클릭합니다.

Hint

'MIT App Inventor 2 Companion' 앱은 안드로이드 폰이 와이파이로 연결되어 있어야 합니다.

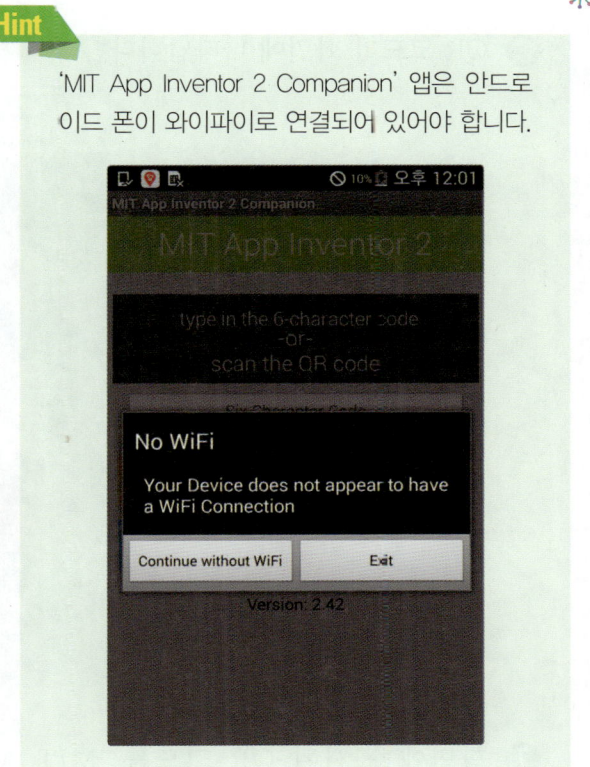

❺ 앱 인벤터에서 [Connect(연결)]-[AI Companion(AI 컴패니언)]을 선택합니다.

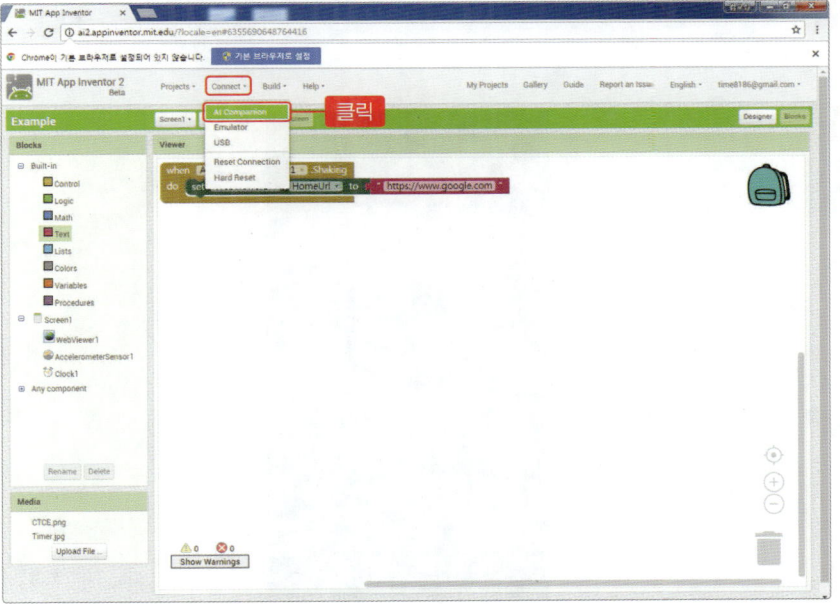

Part 01 앱 인벤터 시작하기 _ **031**

❻ QR 코드가 화면에 나타납니다.

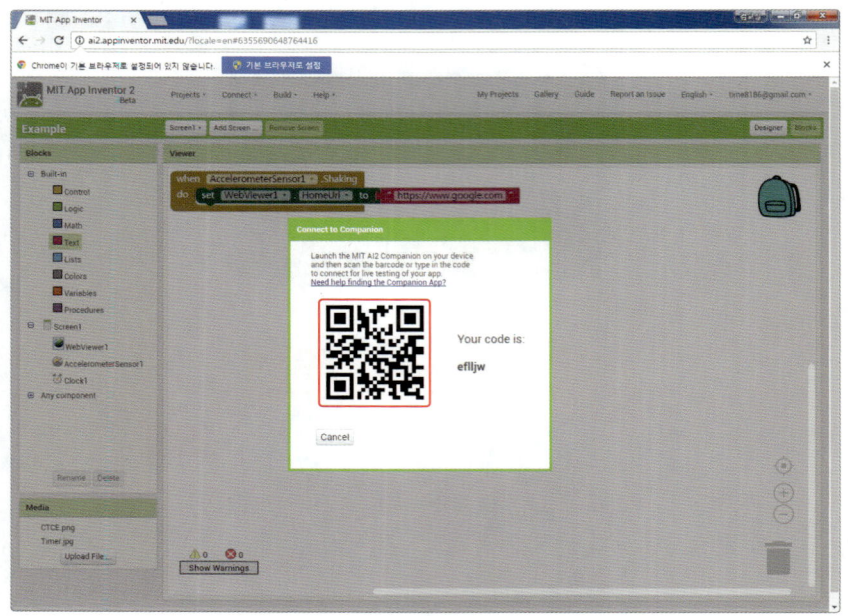

❼ 화면에 표시된 QR 코드를 'MIT App Inventor 2 Companion'가 실행된 폰으로 스캔합니다.

❽ 프로그램이 실행되면서 자동으로 앱이 실행됩니다. 앱 인벤터의 디자이너 화면이나 블록 조합 화면에서 앱을 수정하면 스마트폰의 앱도 자동으로 수정됩니다.

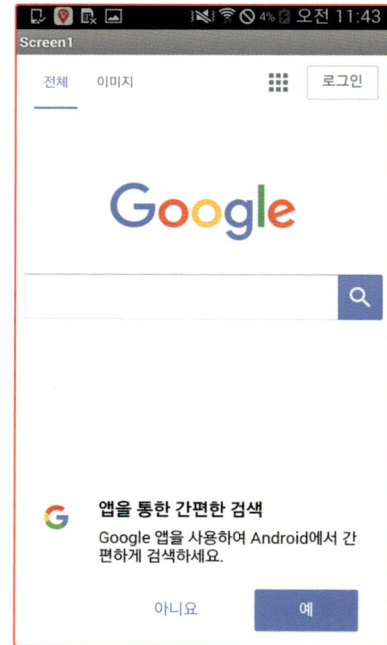

Hint

'MIT App Inventor 2 Companion'는 앱 인벤터의 프로젝트를 테스트하기 위해 사용하며 완성된 프로젝트를 안드로이드 폰에 설치하지는 않습니다.

Step 02 안드로이드 폰에 완성된 앱 설치하기

작성조건 : 완성된 앱을 안드로이드 폰에 설치하는 방법에 대해 알아본다.

❶ 완성된 앱을 안드로이드 폰에 설치하려면 [Build(빌드)]-[APP provide Qr code for .apk(앱 apk용 QR 코드 제공)]을 클릭합니다.

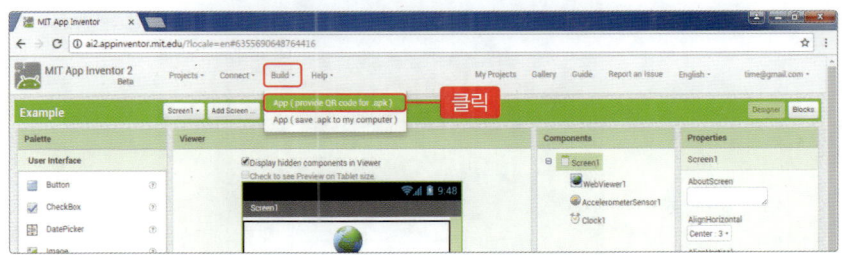

❷ 프로젝트가 apk 파일로 변환됩니다. Esc 키 등을 누르면 변환이 취소될 수 있으므로 잠시 기다립니다.

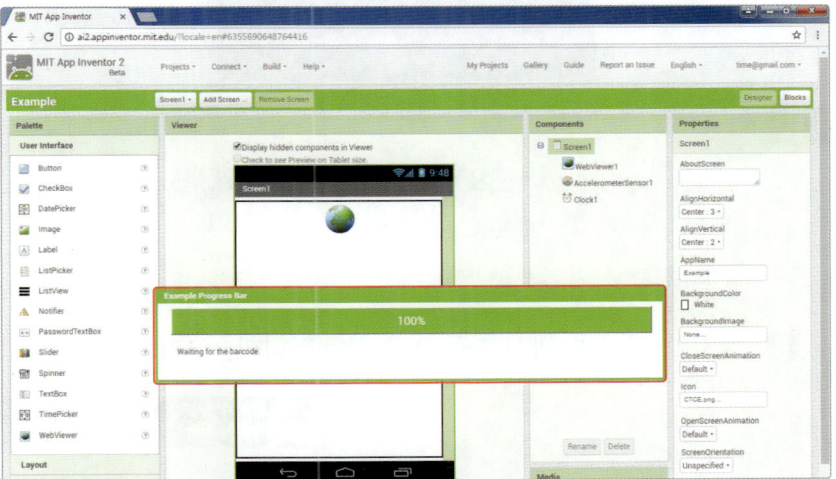

❸ 변환이 끝나면 QR 코드가 나타납니다.

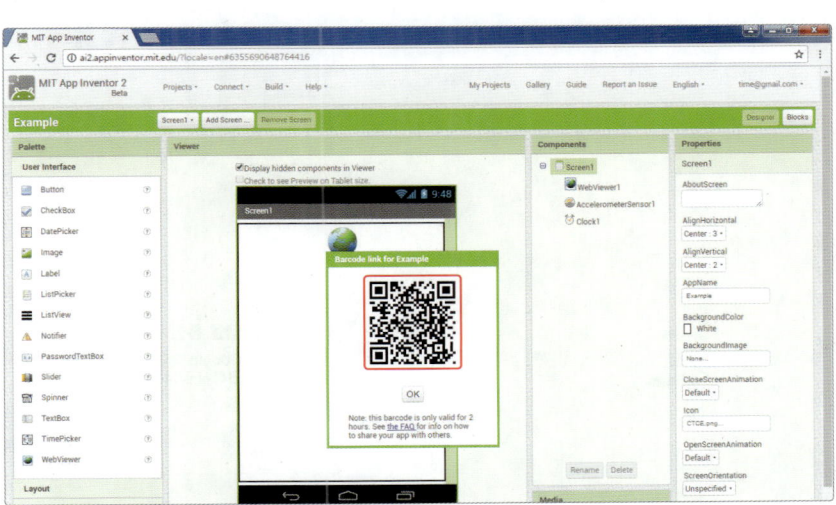

❹ 안드로이드 폰에서 'QR 코드 리더' 앱을 이용하여 코드를 스캔한 다음 링크를 연결합니다.

❺ 자동으로 앱이 다운로드된 다음 설치를 진행합니다.

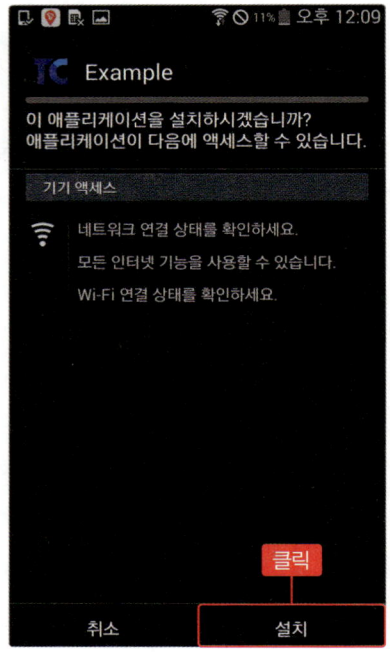

Hint

경우에 따라 '출처를 알 수 없는 앱'의 설치를 허용을 요구하는 화면이 나타날 수 있습니다. 이런 경우 일시적으로 '출처를 알 수 없는 앱'의 설치를 허용합니다.

❻ 설치가 끝나면 앱이 자동으로 실행됩니다. 그리고 설치된 앱의 아이콘이 만들어 집니다.

ADT 앱창의개발능력

PART 02

유형 사로잡기

유형 **01** 프로젝트 시작

유형 **02** 앱 디자인

유형 **03** 앱 코딩

유형 **04** 완성된 프로젝트 저장

유형 01 프로젝트 시작

앱 인벤터에서 새로운 프로젝트를 만들고 저장하는 방법에 대해 알아봅니다.

주요 기능
- 새 프로젝트
- 프로젝트 저장

결과 화면

• 완성 파일 : ex01.aia

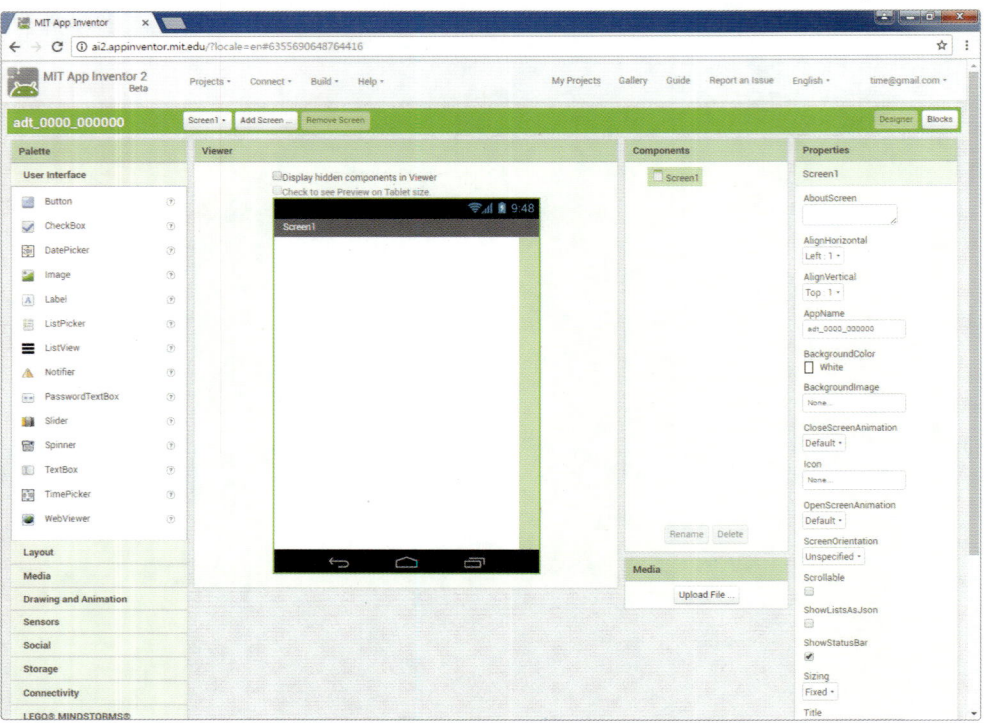

출제유형

- Step 01 : 새로운 프로젝트를 만들고 프로젝트 이름을 지정하는 방법에 대해 알아본다.
- Step 02 : 프로젝트를 저장하는 방법에 대해 알아본다.

Step 01 새로운 프로젝트 만들기

작성조건 : 새로운 프로젝트를 만들고 프로젝트 이름을 지정하시오.

❶ 크롬을 실행한 다음 앱 인벤터 홈 페이지(http://appinventor.mit.edu/)를 방문합니다. 앱 인벤터 홈페이지의 오른쪽 위에 있는 [Create app!] 버튼을 클릭하여 앱 인벤터를 시작합니다.

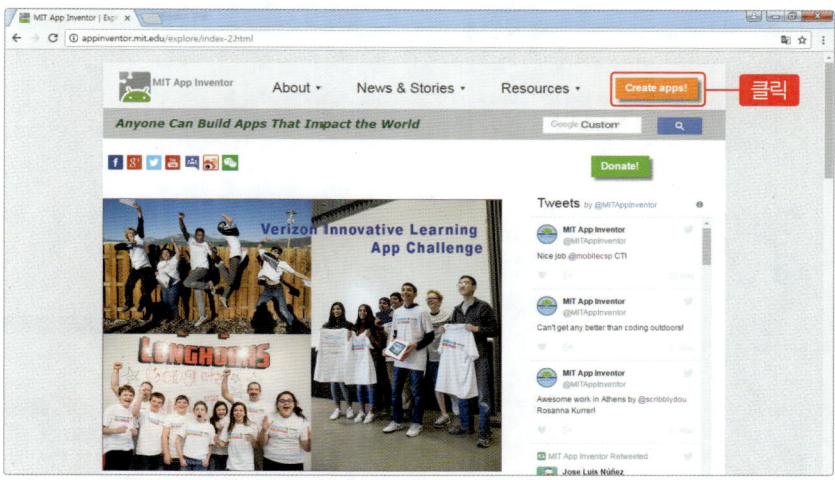

❷ [로그인] 화면이 나타나면 '이메일 주소'를 입력하고 [다음]을 클릭합니다. 비밀 번호를 입력하여 로그인합니다.

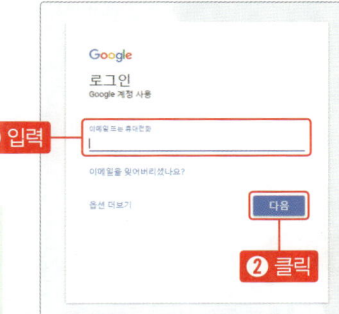

Hint

앱 인벤터를 사용하려면 구글 계정으로 로그인해야 합니다. 구글 계정이 없다면 새로운 계정을 만들어야 앱 인벤터를 사용할 수 있습니다.

❸ 새로운 프로젝트를 만들기 위해 [Project(프로젝트)]-[Start new project(새 프로젝트 시작)] 메뉴를 클릭합니다.

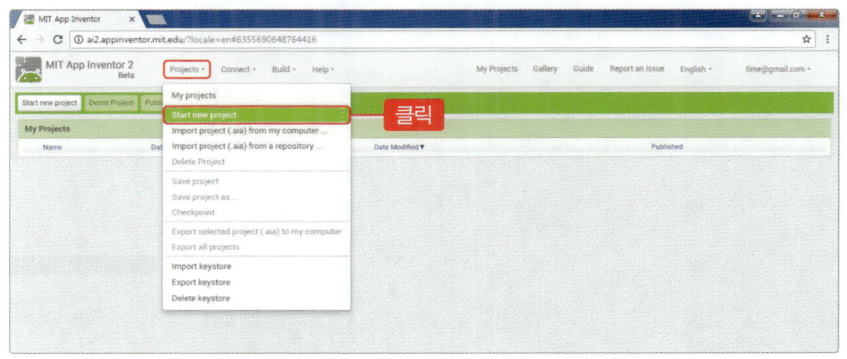

❹ 프로젝트 이름에 문제에 제시된 것처럼 'adt_수험번호'를 입력하고 [OK(확인)]를 클릭합니다.

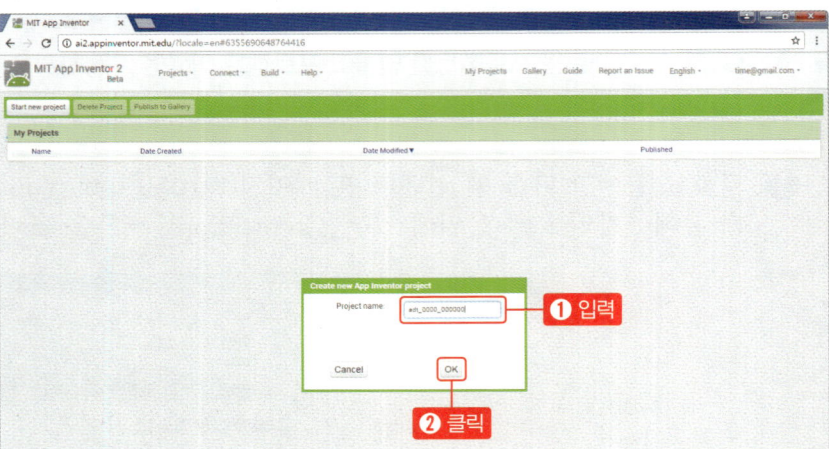

Hint

프로젝트 이름은 문제에 제시된 것처럼 'adt_수험번호'를 입력합니다. 프로젝트 이름에 한글을 입력할 수 없습니다.

❺ 앱 인벤터의 초기 화면이 나타납니다.

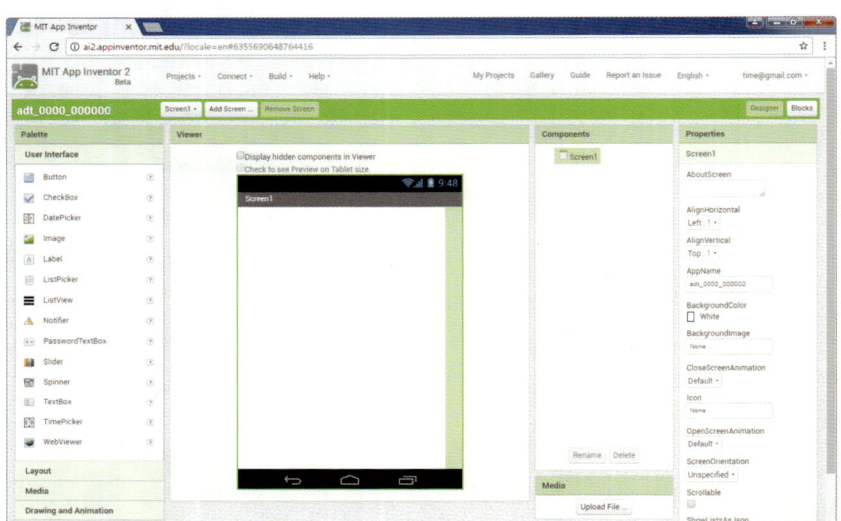

Hint

[English]를 클릭해 [한국어]를 클릭하면 메뉴와 속성 등이 한글로 바뀝니다.

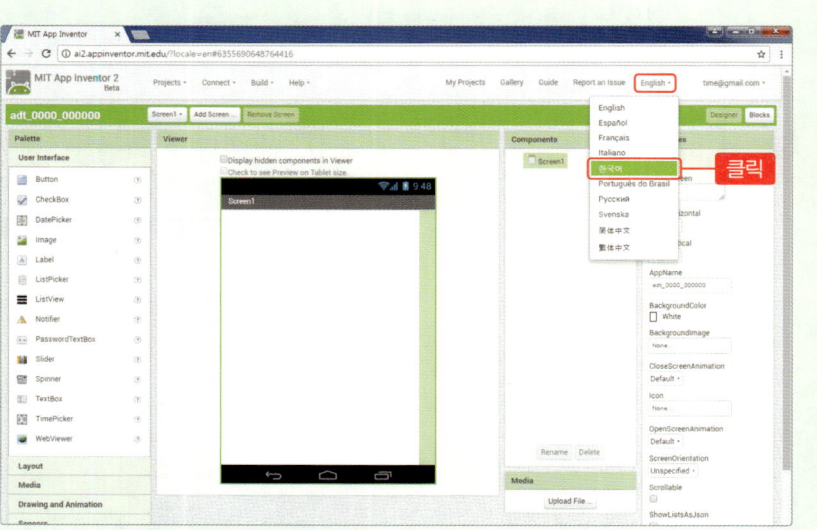

038 _ ADT 앱창의개발능력

Step 02 프로젝트 저장하기

작성조건 : 프로젝트를 저장하시오.

❶ 프로젝트를 저장하기 위해 [Projects(프로젝트)]-[Save Project(프로젝트 저장)]를 클릭합니다.

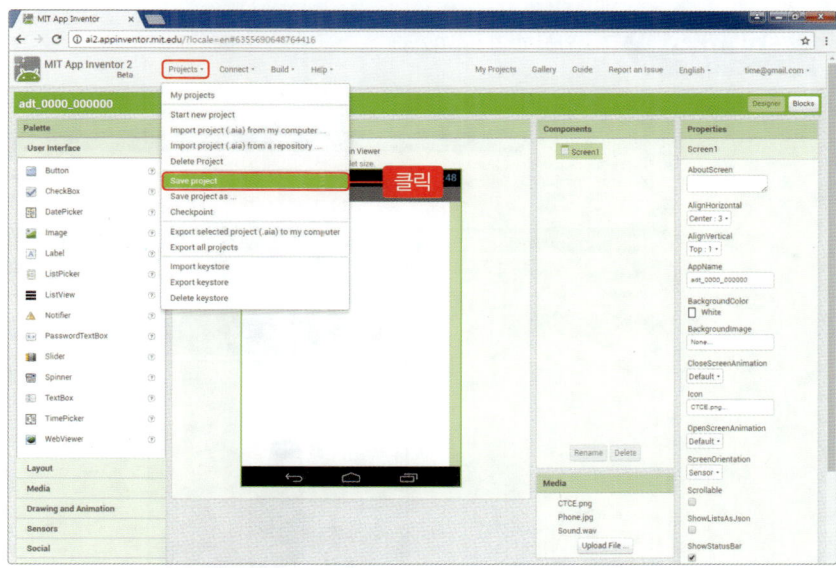

❷ 프로젝트가 저장되고 저장된 시간 등이 표시됩니다. 디자이너 화면에서 컴포넌트를 추가하거나 블록 조합 화면에서 블록을 추가한 후 저장합니다.

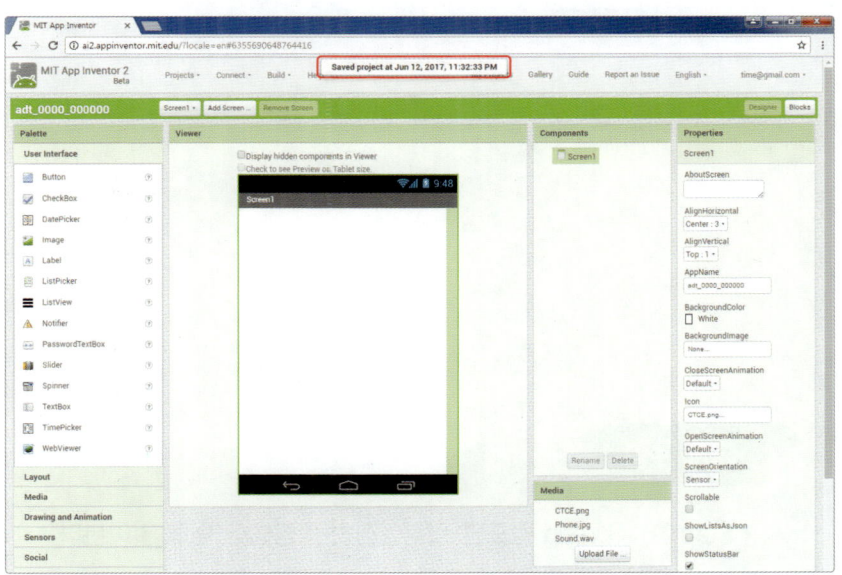

Hint

프로젝트의 이름을 잘못 지정한 경우에는 [Projects(프로젝트)]-[Save project as(프로젝트를 다른 이름으로 저장)]를 클릭해 [Save As(다른 이름으로 저장)] 대화상자가 나타나면 새로운 이름을 입력하고 [OK(확인)]를 클릭합니다.

유형 02 앱 디자인

디자이너 화면에서 컴포넌트를 추가하고 속성을 설정하는 방법에 대해 알아봅니다.

주요 기능
- 컴포넌트 추가
- 컴포넌트 속성 설정

결과 화면
• 완성 파일 : ex02.aia

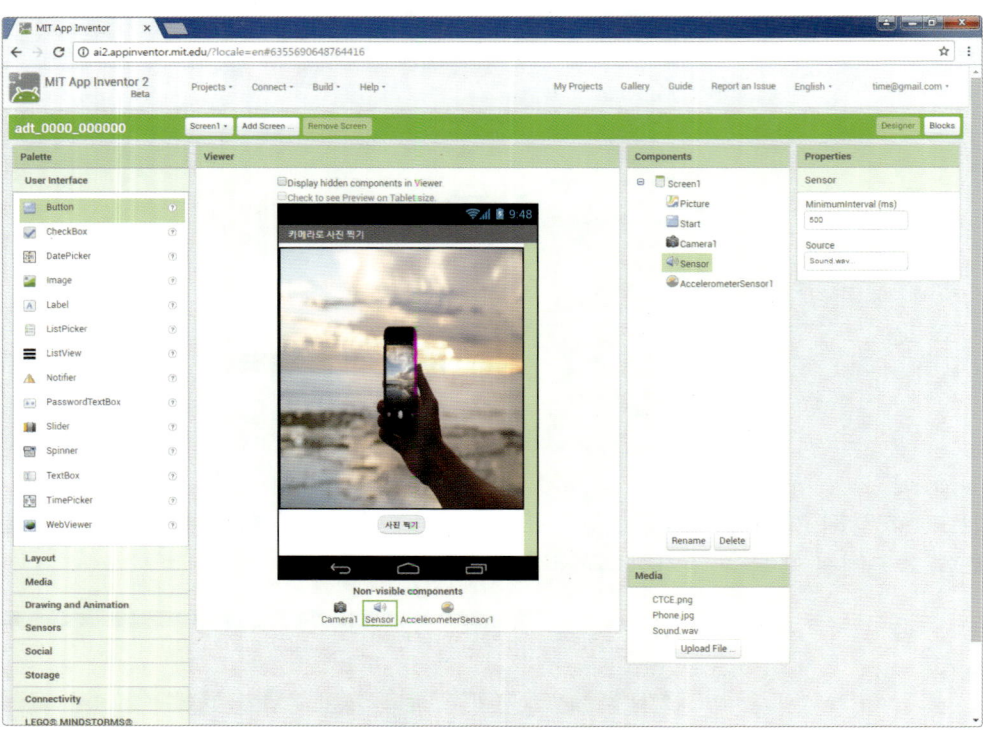

출제유형

- Step 01 : Screen 컴포넌트를 설정하는 방법에 대해 알아본다.
- Step 02 : Canvas 컴포넌트를 삽입하는 방법에 대해 알아본다.
- Step 03 : Button(버튼) 컴포넌트를 삽입하는 방법에 대해 알아본다.
- Step 04 : Sound(소리) 컴포넌트를 삽입하는 방법에 대해 알아본다.
- Step 05 : 보이지 않는 컴포넌트를 삽입하는 방법에 대해 알아본다.

Step 01 Screen 컴포넌트 설정하기

작성조건 : [Screen(스크린)] 컴포넌트를 다음 [작성 조건]에 따라 속성을 설정하시오.

Components Name(컴포넌트 이름) : 'Screen1
- AlignHorizontal(수평 정렬) ⇒ Center(중앙) : 3
- Icon(아이콘) ⇒ 'CTCE.png' 이미지 업로드
- Title(제목) ⇒ '카메라로 사진 찍기'
- ScreenOrientation(스크린 방향) ⇒ Sensor(센서)

❶ [Screen(스크린)] 컴포넌트에 '수평 정렬(AlignHorizontal)'을 지정하기 위해 [Properties(속성)]의 [AlignHorizontal(수평 정렬)] 항목을 클릭한 다음 [Center(중앙)]를 선택합니다.

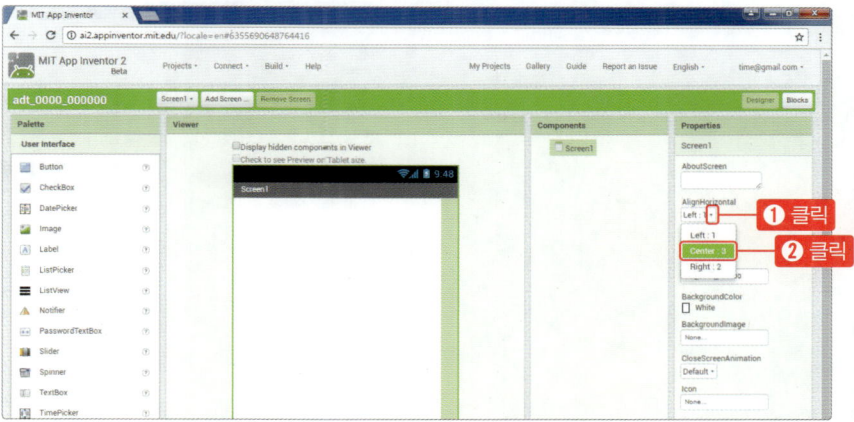

❷ [Screen(스크린)] 컴포넌트에 아이콘을 지정하기 위해 [Properties(속성)]의 [Icon(아이콘)]을 클릭한 다음 [Upload File(파일 업로드)]을 클릭합니다.

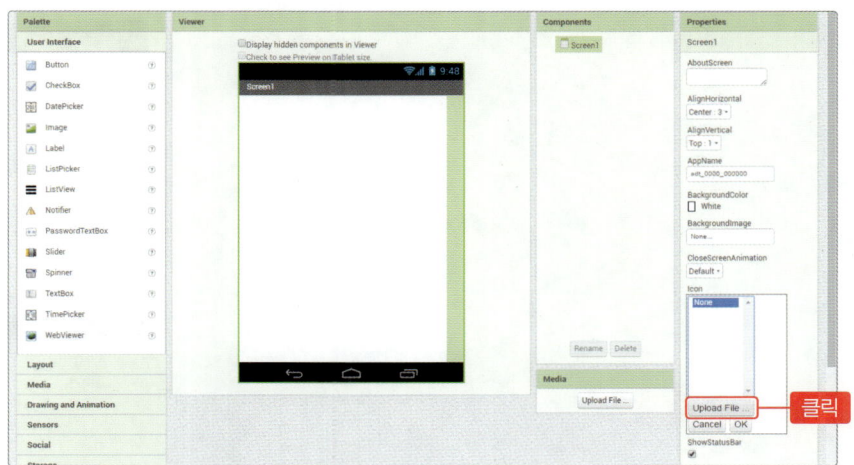

Hint

[Screen(스크린)] 컴포넌트의 아이콘은 앱을 안드로이드 폰에 설치했을 때 나타나는 아이콘입니다.

❸ [Upload File(파일 올리기)] 창이 나타나면 [파일 선택]을 클릭합니다. [파일 선택] 창이 나타나면 'CTCE.png' 파일을 선택하고 [열기]를 클릭합니다.

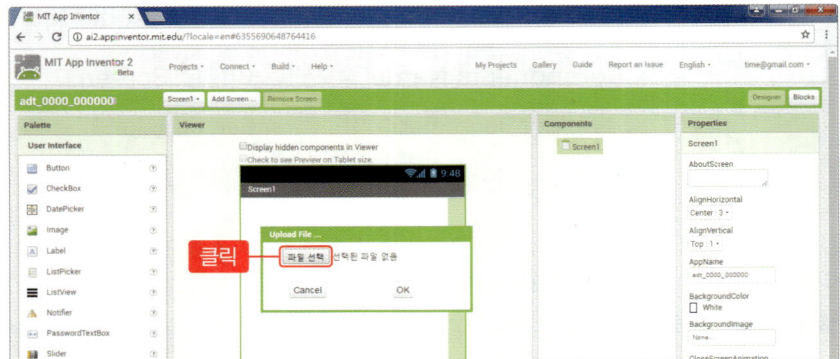

❹ 파일 이름이 나타나면 [OK(확인)]를 클릭합니다.

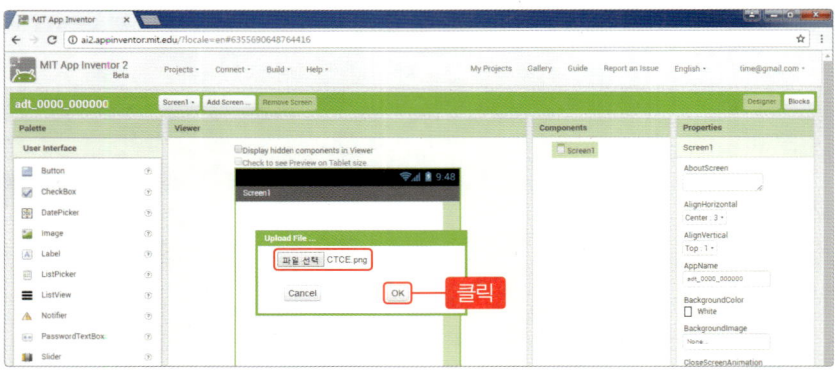

❺ 선택한 'CTCE.png' 파일이 업로드 됩니다. 이미지 파일을 업로드하면 [Media(미디어)]에 파일 이름이 표시됩니다.

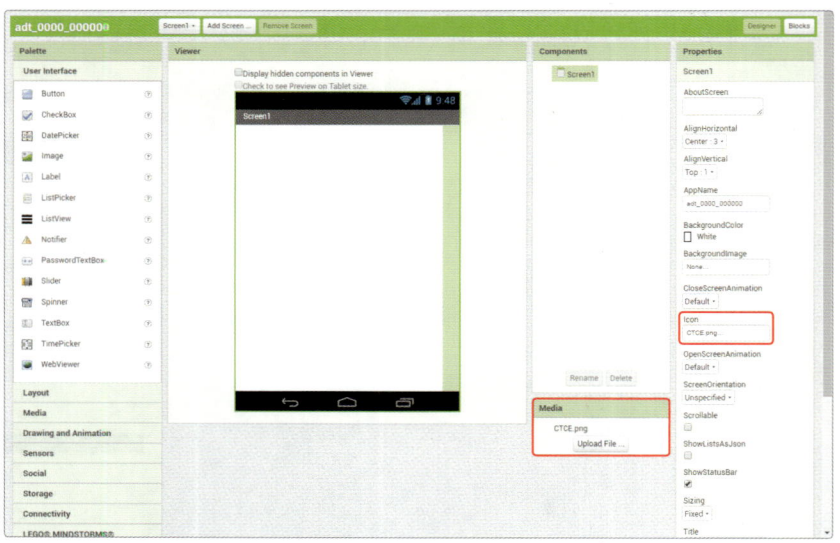

Hint

잘못 업로드한 파일 삭제하려면 [Media(미디어)]에서 파일을 클릭해 선택한 다음 [Delete(삭제)]를 클릭합니다.

❻ [Properties(속성)]의 [Title(제목)]에 '카메라로 사진 찍기'를 입력하고 Enter 를 누릅니다.

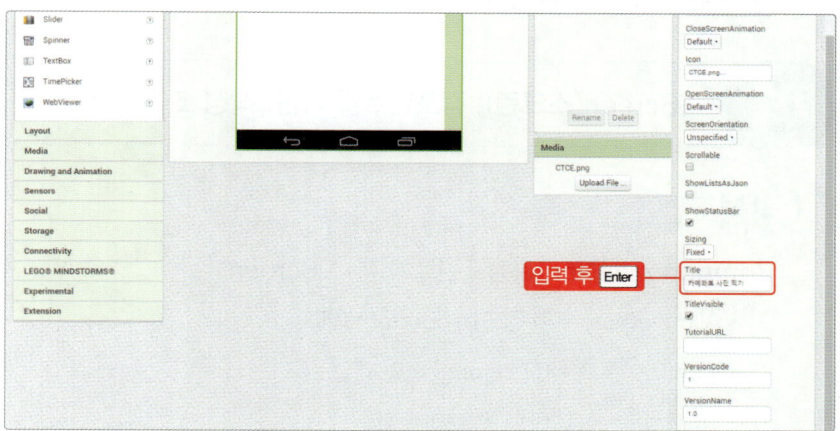

❼ [Properties(속성)]의 [ScreenOrientation(스크린 방향)]을 클릭해 [Sensor(센서)]를 선택합니다.

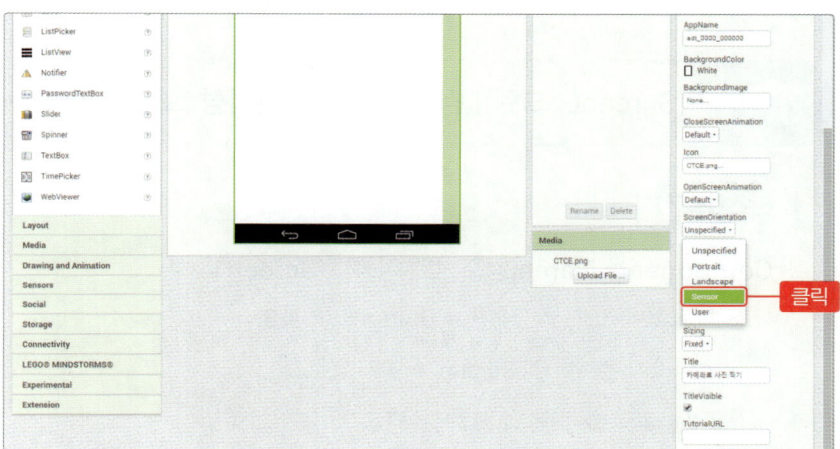

❽ 제시된 항목 중 [Screen(스크린)] 컴포넌트의 속성을 잘못 설정한 부분이 있는지 확인합니다.

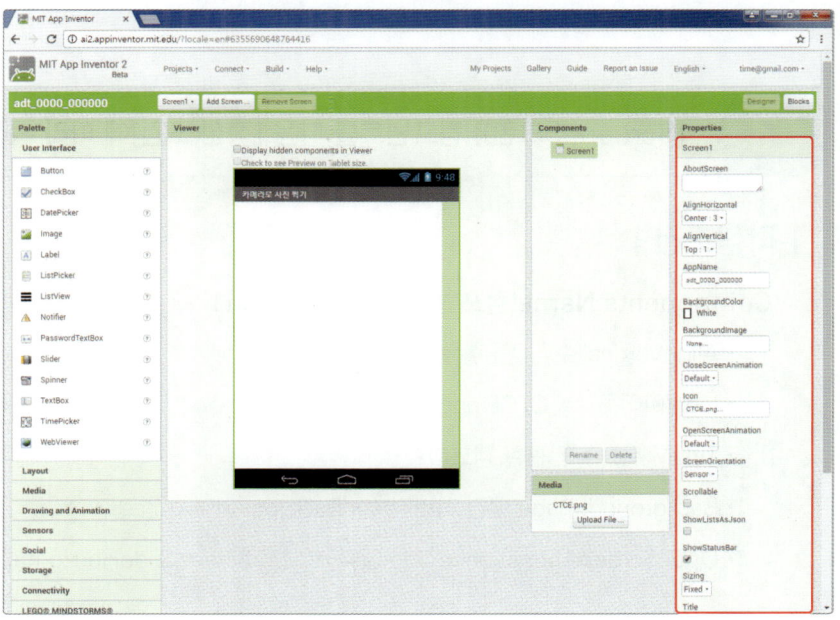

예제로 기본 다지기

01 [Screen(스크린)] 컴포넌트를 다음 [작성 조건]에 따라 속성을 설정하시오.

| 작성조건 |

Components Name(컴포넌트 이름) : 'Screen1'
- AlignVertical(수직 정렬) ⇒ Bottom(아래) : 3
- Icon(아이콘) ⇒ 'CTCE.png' 이미지 업로드
- Title(제목) ⇒ '나만의 웹 브라우저'
- ScreenOrientation(스크린 방향) ⇒ Portrait(세로)

02 [Screen(스크린)] 컴포넌트를 다음 [작성 조건]에 따라 속성을 설정하시오.

| 작성조건 |

Components Name(컴포넌트 이름) : 'Screen1'
- AlignVertical(수직 정렬) ⇒ Bottom(아래) : 3
- Icon(아이콘) ⇒ 'CTCE.png' 이미지 업로드
- Title(제목) ⇒ '나만의 웹 브라우저'
- BackgroundColor(배경색) ⇒ Orange(주황)
- ScreenOrientation(스크린 방향) ⇒ Portrait(세로)

03 [Screen(스크린)] 컴포넌트를 다음 [작성 조건]에 따라 속성을 설정하시오.

| 작성조건 |

Components Name(컴포넌트 이름) : 'Screen1'
- AlignVertical(수직 정렬) ⇒ Bottom(아래) : 3
- Icon(아이콘) ⇒ 'CTCE.png' 이미지 업로드
- Title(제목) ⇒ '간편한 캠코더'
- BackgroundImage(배경 이미지) ⇒ 'Back.jpg' 이미지 업로드
- OpenScreenAnimation(스크린 애니메이션 열기) ⇒ SlideHorizontal(수평슬라이드)

Step 02 Canvas 컴포넌트 추가하기

작성조건 : [Canvas(캔버스)] 컴포넌트를 추가한 다음 [작성 조건]에 따라 속성을 설정하시오.

Components Name(컴포넌트 이름) : 'Picture'
- BackgroundImage(배경 이미지) ⇒ 'Phone.jpg' 이미지 업로드
- Height(높이) ⇒ 350 pixels
- Width(너비) ⇒ Fill parent(부모에 맞추기)

❶ [Platte(팔레트)]에서 [Drawing and Animation(그리기 & 애니메이션)] 그룹을 선택합니다. [Canvas(캔버스)] 컴포넌트를 선택해 드래그합니다.

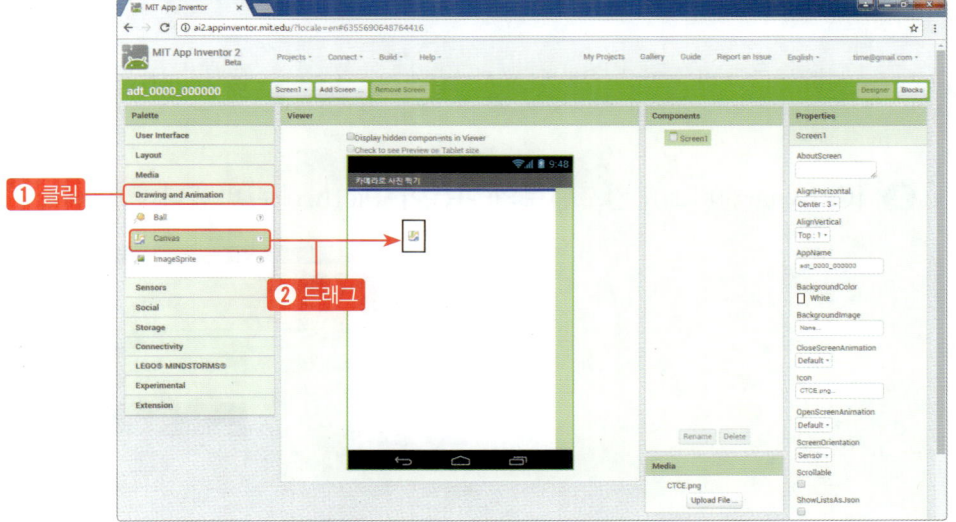

❷ [Components(컴포넌트)]에서 [Canvas1(캔버스1)]을 선택한 다음 [Rename(이름 바꾸기)]을 클릭합니다.

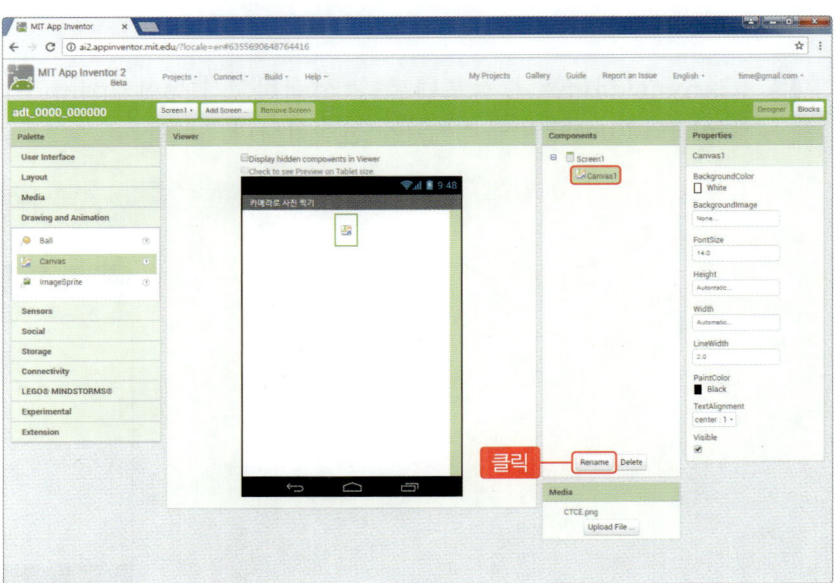

❸ [Rename Component(컴포넌트 이름 바꾸기)]가 나타나면 [New name(새로운 이름)]에 'Picture'를 입력하고 [OK(확인)]를 클릭합니다.

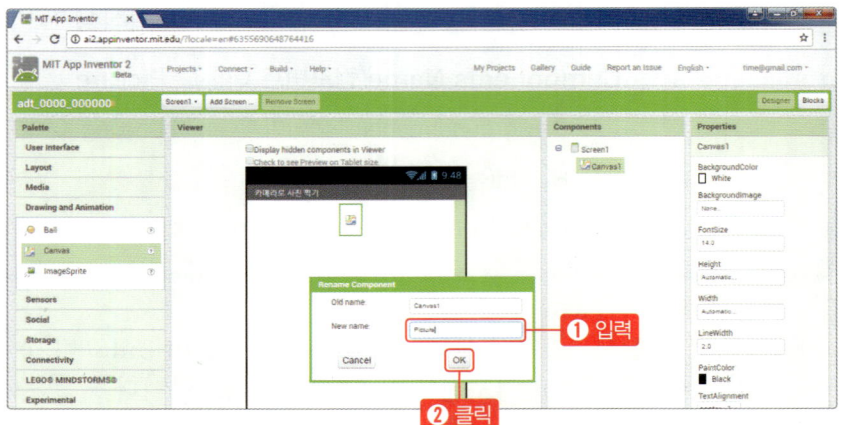

Hint
컴포넌트의 이름으로는 영어와 숫자, 밑줄(_)과 같은 특수문자만 사용할 수 있습니다.

❹ [Canvas(캔버스)] 컴포넌트의 이름이 'Picture'로 바뀝니다.

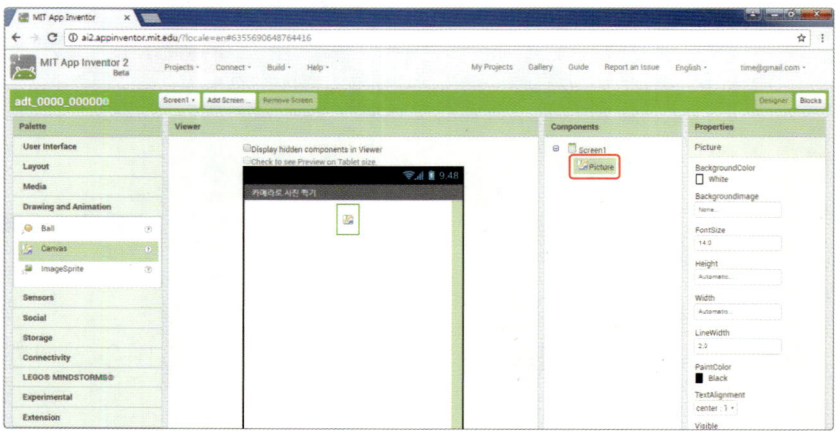

❺ [Canvas(캔버스)] 컴포넌트를 선택하고 [BackgroundImage(배경 이미지)]를 클릭한 다음 [Upload File(파일 올리기)]을 선택합니다.

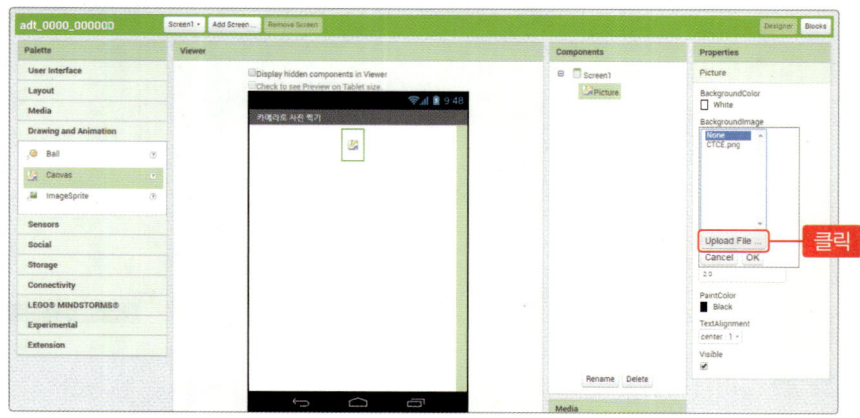

❻ [Upload File(파일 올리기)] 대화상자가 나타나면 [파일 선택]을 클릭합니다.

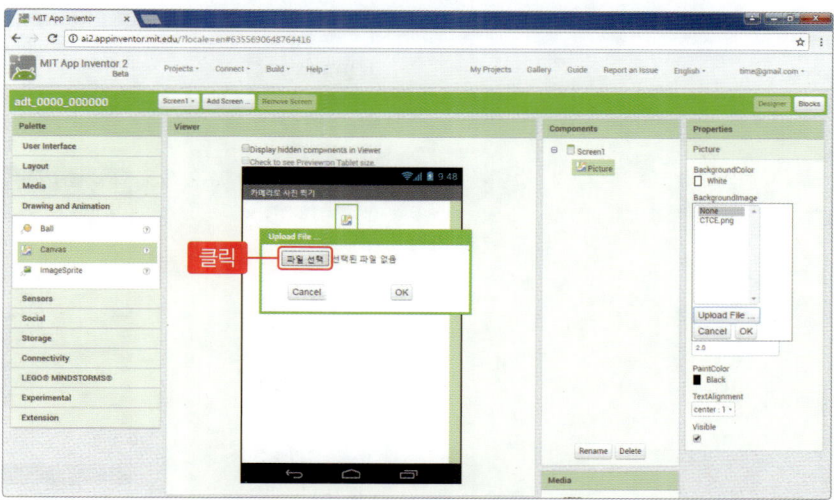

❼ [열기] 대화상자가 나타나면 바탕화면의 'CTCE' 폴더를 선택합니다. 이미지가 나타나면 [Canvas(캔버스)] 컴포넌트의 배경으로 사용할 이미지를 선택하고 [열기]을 클릭합니다.

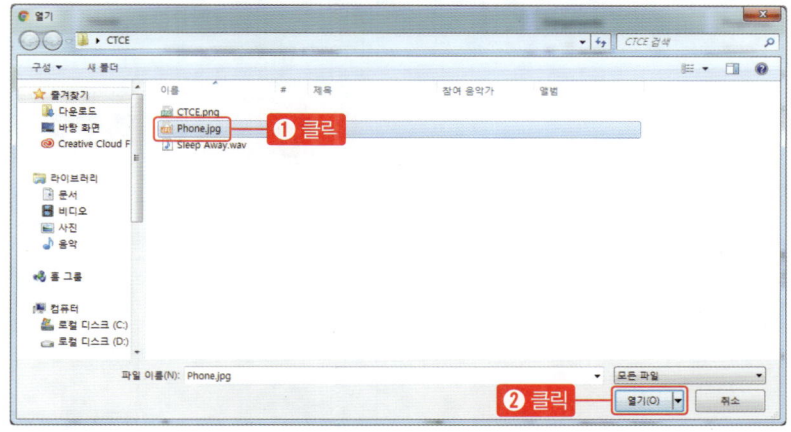

❽ [Upload File(파일 올리기)] 대화상자가 나타나면서 선택한 파일 이름이 보입니다. [OK(확인)]를 클릭합니다.

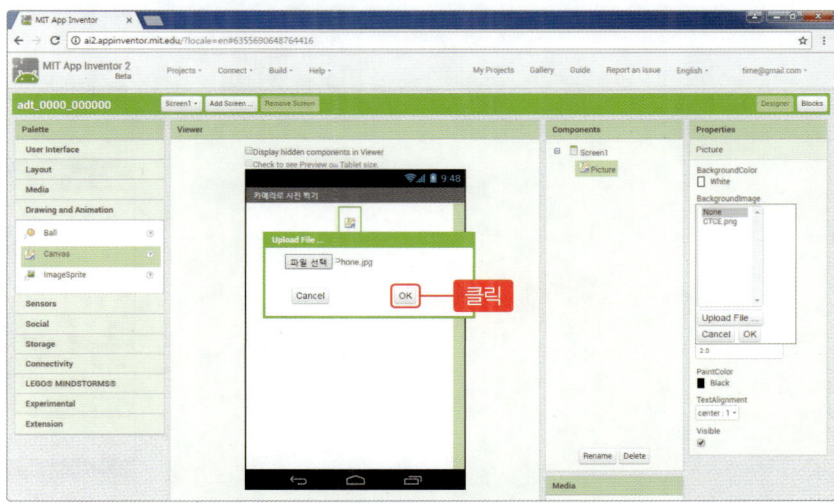

❾ 파일이 업로드된 다음 [Canvas(캔버스)] 컴포넌트의 배경에 이미지가 표시됩니다.

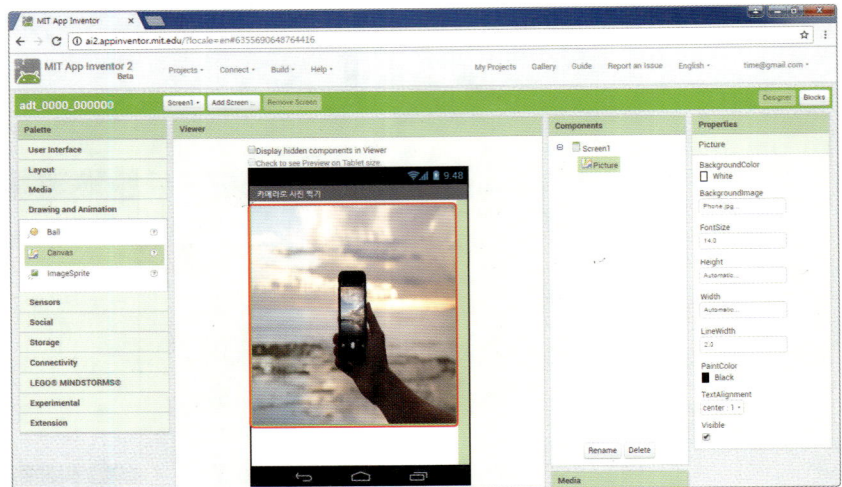

❿ [Height(높이)]를 클릭한 다음 '350 pixel'을 입력하고 [OK(확인)]를 클릭합니다.

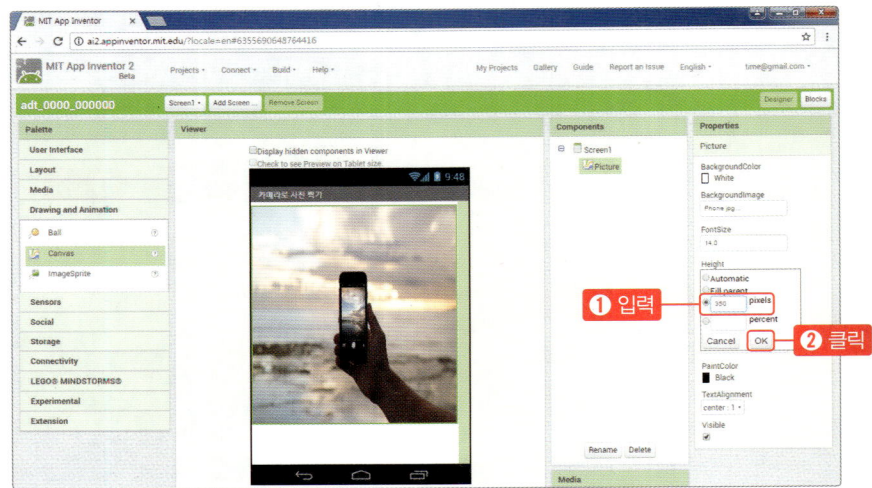

⓫ [Width(너비)]를 클릭한 다음 [Fill parent(부모에 맞추기)]를 클릭하고 [OK(확인)]를 클릭합니다.

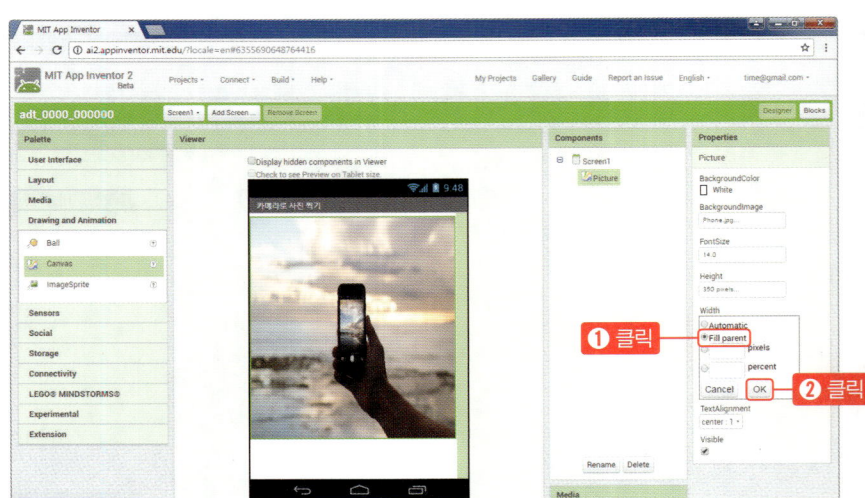

예제로 기본 다지기

01 [Canvas(캔버스)]를 추가한 후 [작성 조건]에 따라 설정하시오.

| 작성조건 |

Components Name(컴포넌트 이름) : 'Photo'
- BackgroundColor(배경색) ⇒ Red(빨강)
- Height(높이) ⇒ Fill parent(부모에 맞추기)
- Width(너비) ⇒ 300 pixels

02 [Canvas(캔버스)]를 추가한 후 [작성 조건]에 따라 설정하시오.

| 작성조건 |

Components Name(컴포넌트 이름) : 'Picture'
- BackgroundImage(배경 이미지) ⇒ 'MIC.jpg' 이미지 업로드
- Height(높이) ⇒ Fill parent(부모에 맞추기)
- Width(너비) ⇒ Fill parent(부모에 맞추기)

03 [Canvas(캔버스)]를 추가한 후 [작성 조건]에 따라 설정하시오.

| 작성조건 |

Components Name(컴포넌트 이름) : 'Painter'
- Height(높이) ⇒ 300 pixels
- Width(너비) ⇒ 300 pixels
- LineWidth(선 두께) ⇒ 4.0
- PaintColor(페인트 색상) ⇒ Red(빨강)

Step 03 Button(버튼) 컴포넌트 삽입하기

작성조건 : [Button(버튼)] 컴포넌트를 추가한 다음 [작성 조건]에 따라 속성을 설정하시오.

Components Name(컴포넌트 이름) : 'Start'
- FontBold(글꼴 굵게) ⇒ True
- FontSize(글꼴 크기) ⇒ 12
- Shape(모양) ⇒ rounded(둥근 모서리)
- Text(텍스트) ⇒ '사진 찍기'
- TextAlignment(텍스트 정렬) ⇒ center(가운데) : 1

❶ [Pallette(팔레트)]의 [User Interface(사용자 인터페이스)] 그룹에서 [Button(버튼)] 컴포넌트를 드래그해 삽입합니다.

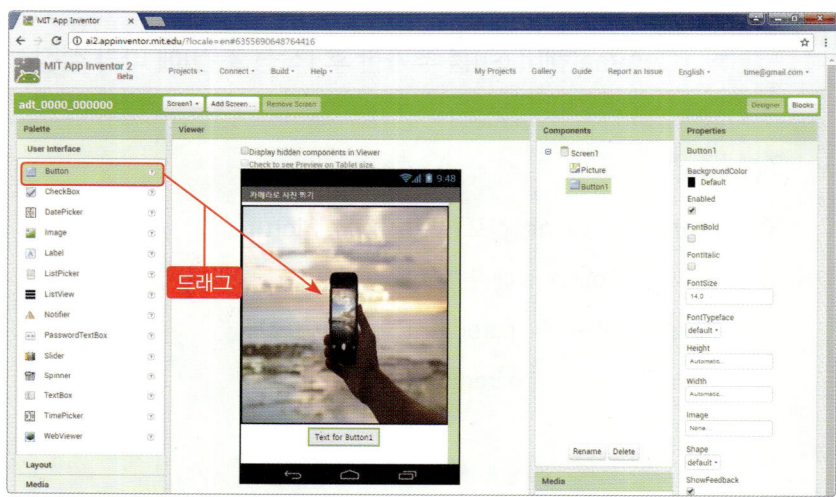

❷ [Button1(버튼1)] 컴포넌트의 이름을 바꾸겠습니다. [Components(컴포넌트)]에서 [Button1(버튼1)] 컴포넌트를 선택한 다음 [Rename(이름 바꾸기)]을 클릭합니다.

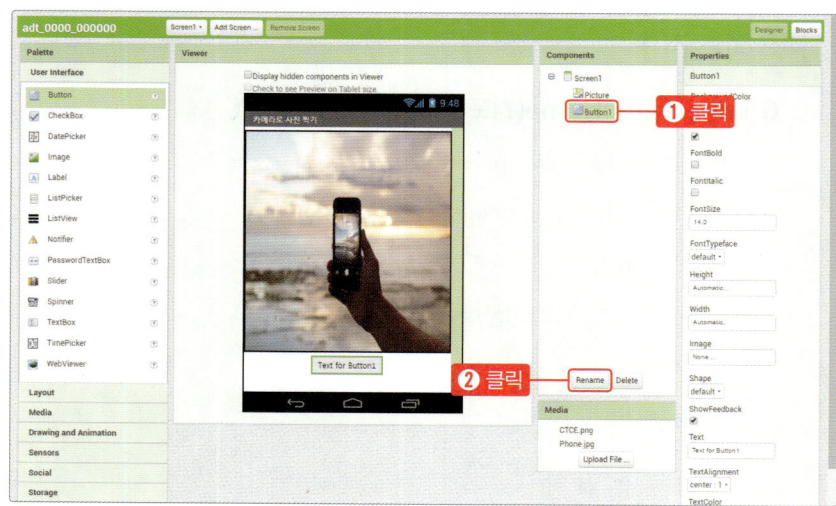

❸ [Rename Component(컴포넌트 이름 바꾸기)]가 나타나면 [New name(새로운 이름)]에 'Start'를 입력하고 [OK(확인)]를 클릭합니다.

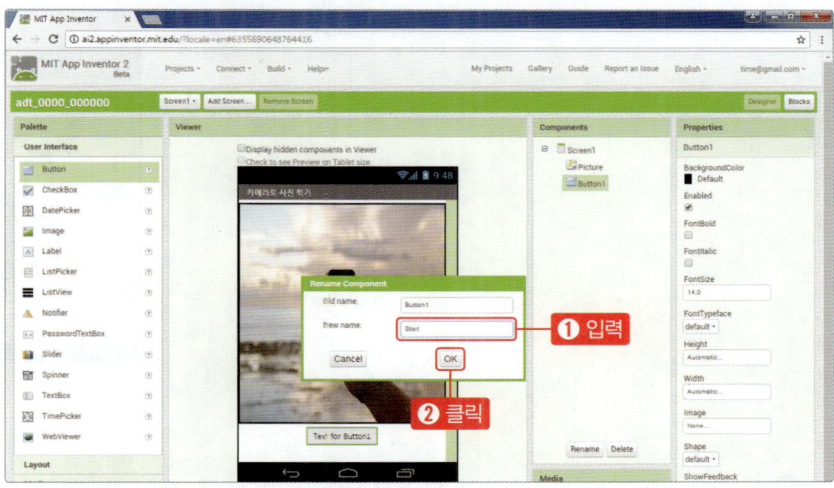

❹ [Button(버튼)] 컴포넌트의 이름이 'Start'로 바뀝니다.

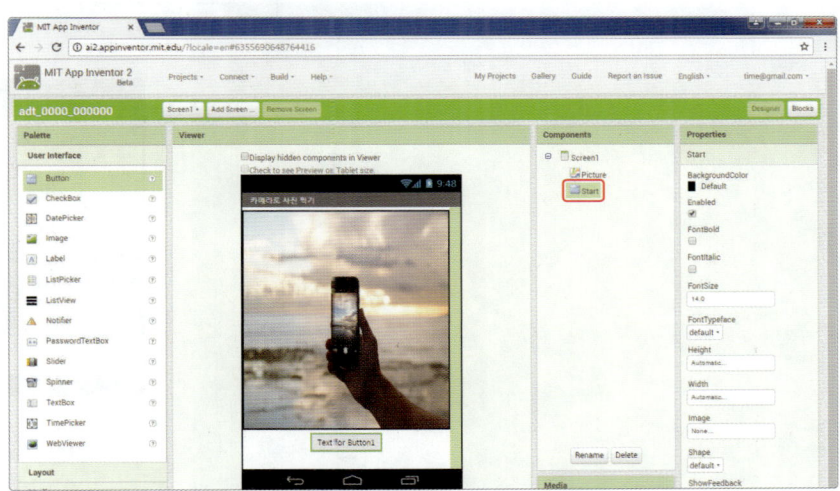

❺ [Properties(속성)]의 [FontBold(글꼴 굵게)]를 클릭해 글꼴을 진하게 바꿉니다.

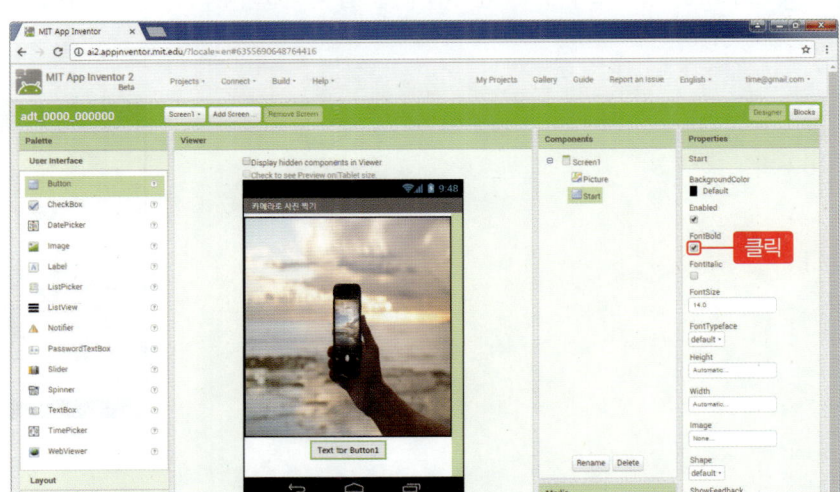

❻ [FontSize(글꼴 크기)]에 '12'를 입력하고 Enter 를 눌러 크기를 바꿉니다.

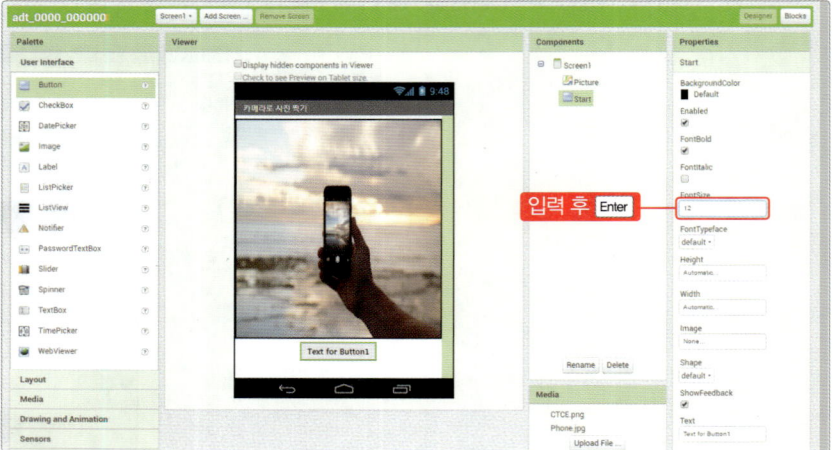

❼ [Shape(모양)]를 클릭한 다음 [rounded(둥근 모서리)]를 선택합니다. 이렇게 하면 [Button(버튼)] 컴포넌트의 모서리가 둥글게 바뀝니다.

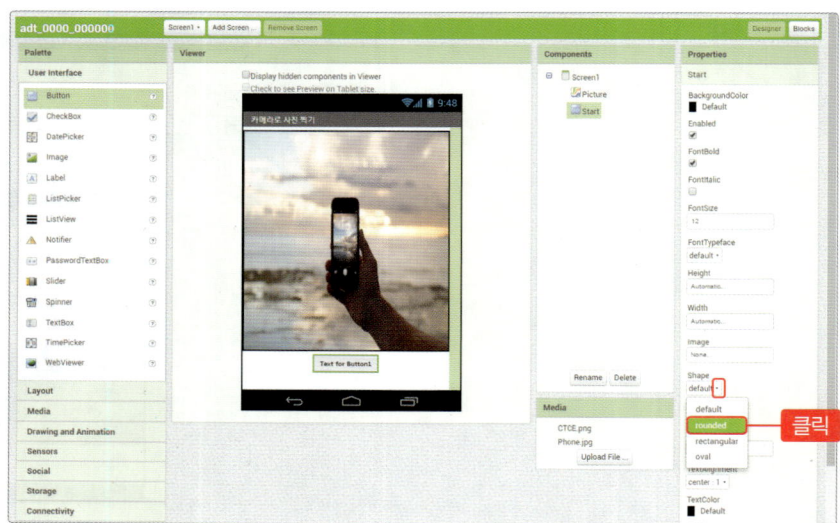

❽ [Text(텍스트)]에 '사진 찍기'를 입력하고 Enter 를 누릅니다.

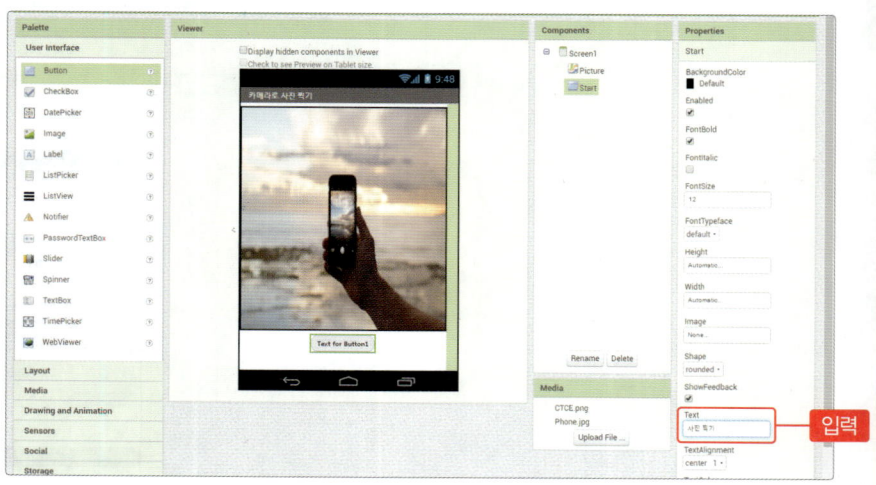

❾ [TextAlignment(텍스트 정렬)]를 클릭한 다음 [center(가운데)]를 선택합니다.

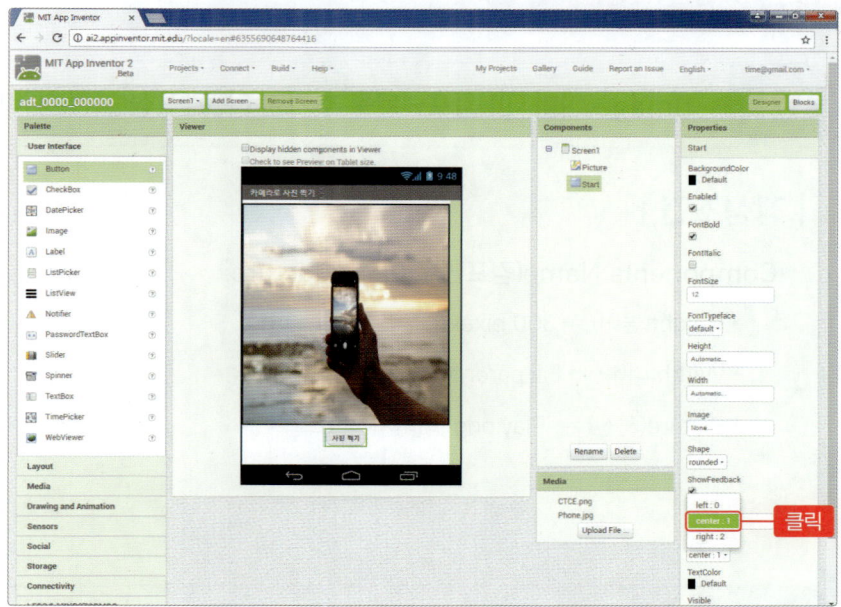

❿ [Button(버튼)] 컴포넌트에 지정한 속성을 확인합니다. 문제에 제시된 속성 이외의 속성은 임의로 수정하지 않습니다.

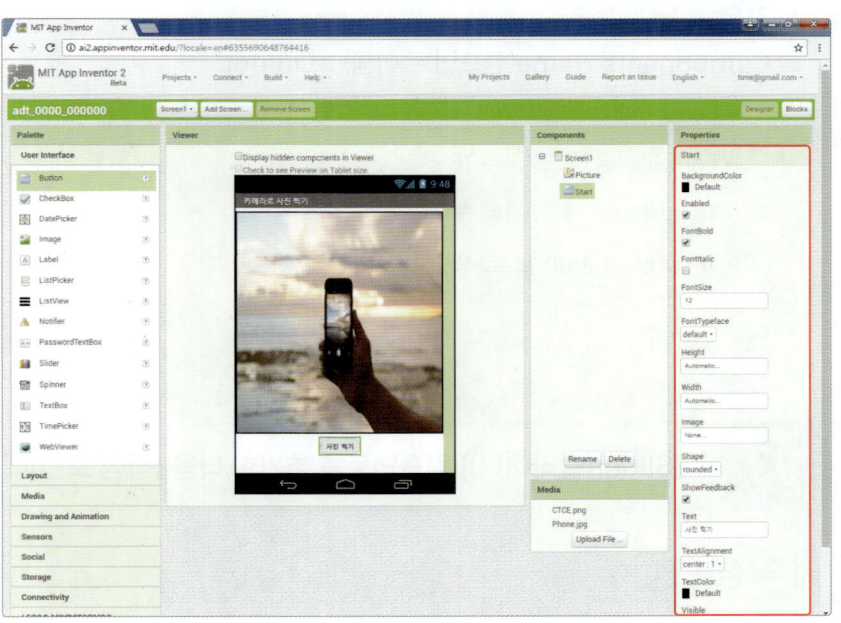

예제로 기본 다지기

01 [Image(이미지)] 컴포넌트를 추가한 다음 [작성 조건]에 따라 속성을 설정하시오.

| 작성조건 |

Components Name(컴포넌트 이름) : 'Picture'
- Height(높이) ⇒ 300 pixels
- Width(너비) ⇒ Fill parent(부모에 맞추기)
- Picture(사진) ⇒ 'Play.png' 이미지 업로드

02 [Lable(레이블)] 컴포넌트를 추가한 다음 [작성 조건]에 따라 속성을 설정하시오.

| 작성조건 |

Components Name(컴포넌트 이름) : 'Output'
- FontBold(글꼴 진하게) ⇒ True
- FontSize(글꼴 크기) ⇒ 16
- Text(텍스트) ⇒ '텍스트 출력'
- TextAlignment(텍스트 정렬) ⇒ center(가운데) : 1

03 [Slider(슬라이더)] 컴포넌트를 추가한 다음 [작성 조건]에 따라 속성을 설정하시오.

| 작성조건 |

Components Name(컴포넌트 이름) : 'Volume'
- Width(너비) ⇒ Fill parent(부모에 맞추기)
- MaxValue(최댓값) ⇒ 100
- MinValue(최솟값) ⇒ 0

04 [TextBox(텍스트 상자)] 컴포넌트를 추가한 다음 [작성 조건]에 따라 속성을 설정하시오.

| 작성조건 |

Components Name(컴포넌트 이름) : 'InputBox'
- FontBold(글꼴 진하게) ⇒ True
- FontSize(글꼴 크기) ⇒ 16
- Width(너비) ⇒ Fill parent(부모에 맞추기)
- MultiLine(여러 줄) ⇒ True
- NumbersOnly(숫자만) ⇒ True
- Text(텍스트) ⇒ '텍스트 입력'
- TextAlignment(텍스트 정렬) ⇒ left(왼쪽) : 0

05 [WebViewer(웹 뷰어)] 컴포넌트를 추가한 다음 [작성 조건]에 따라 속성을 설정하시오.

| 작성조건 |

Components Name(컴포넌트 이름) : 'Homepage'
- Height(높이) ⇒ Fill parent(부모에 맞추기)
- Width(너비) ⇒ Fill parent(부모에 맞추기)
- HomeUrl(홈 URL) ⇒ 'https://www.google.com'

Step 04 Sound(소리) 컴포넌트 삽입하기

작성조건 : [Sound(소리)] 컴포넌트를 추가한 다음 [작성 조건]에 따라 속성을 설정하시오.

Components Name(컴포넌트 이름) : 'Sensor'

• Source(소스) ⇒ Sound.wav

❶ [Pallette(팔레트)]의 [Media(미디어)] 그룹에서 [Sound(소리)] 컴포넌트를 드래그해 삽입합니다.

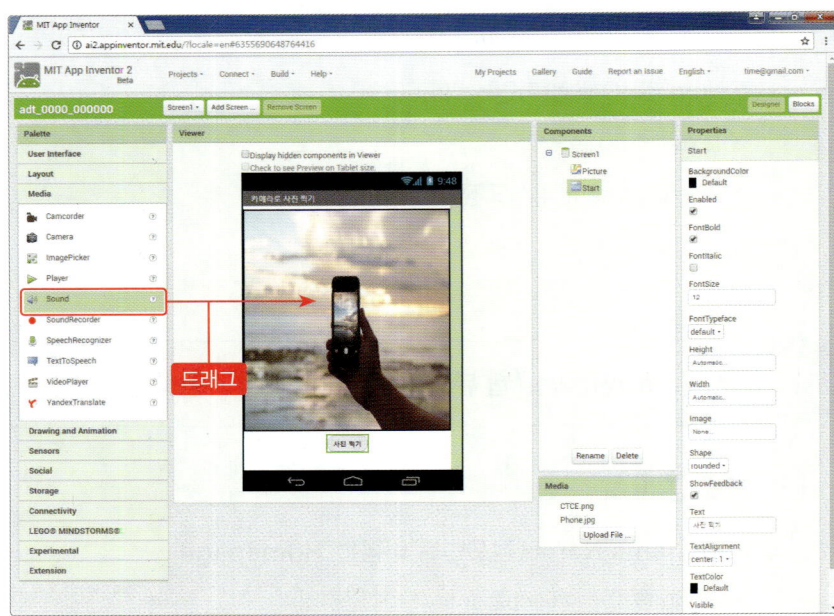

❷ [Components(컴포넌트)]에서 [Sound1(소리1)] 컴포넌트를 선택한 다음 [Rename(이름 바꾸기)]을 클릭합니다.

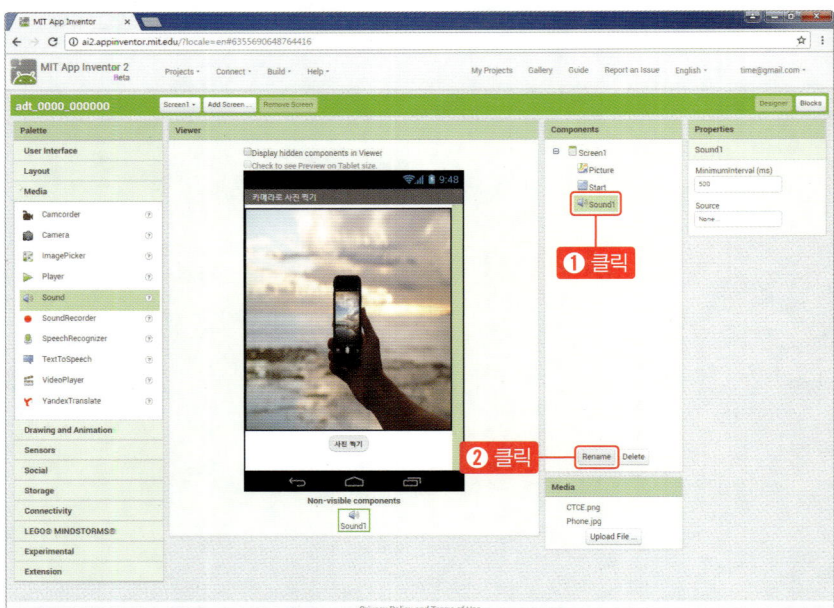

❸ [Rename Component(컴포넌트 이름 바꾸기)]가 나타나면 [New name(새로운 이름)]에 'Sensor'를 입력하고 [OK(확인)]를 클릭합니다.

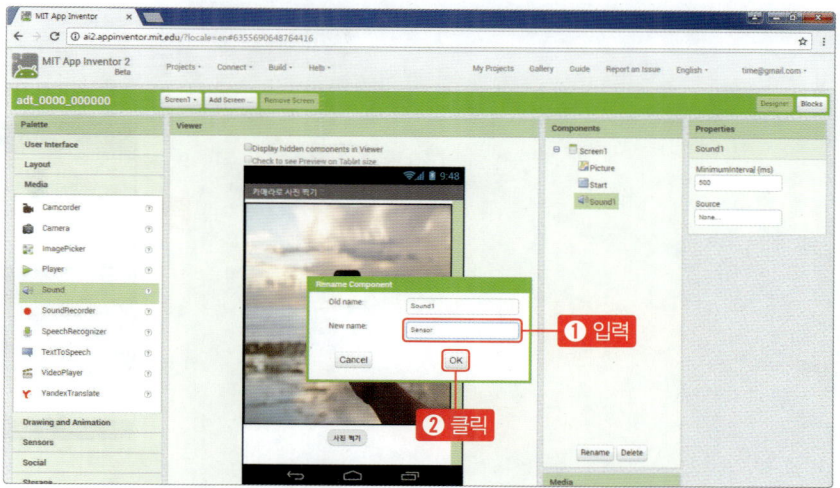

❹ [Sound1(소리1)] 컴포넌트의 이름이 'Sensor'로 바뀝니다.

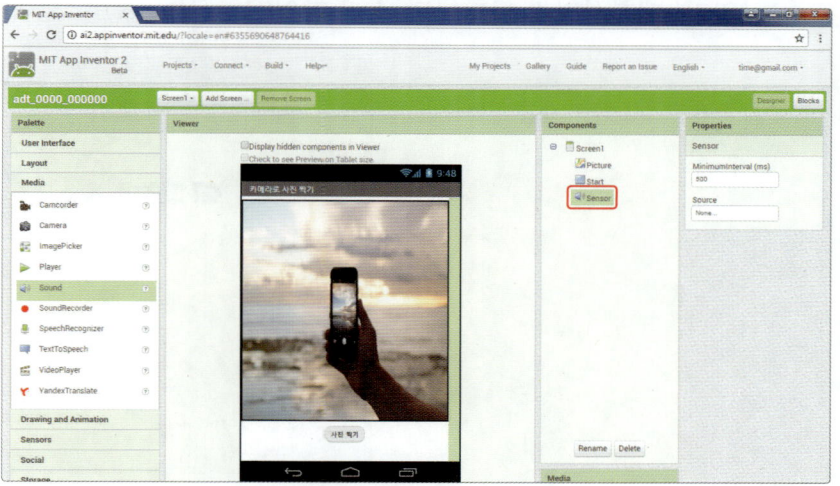

❺ [Properties(속성)]에서 [Source(소스)]를 클릭한 다음 [Upload File(파일 올리기)]을 클릭합니다.

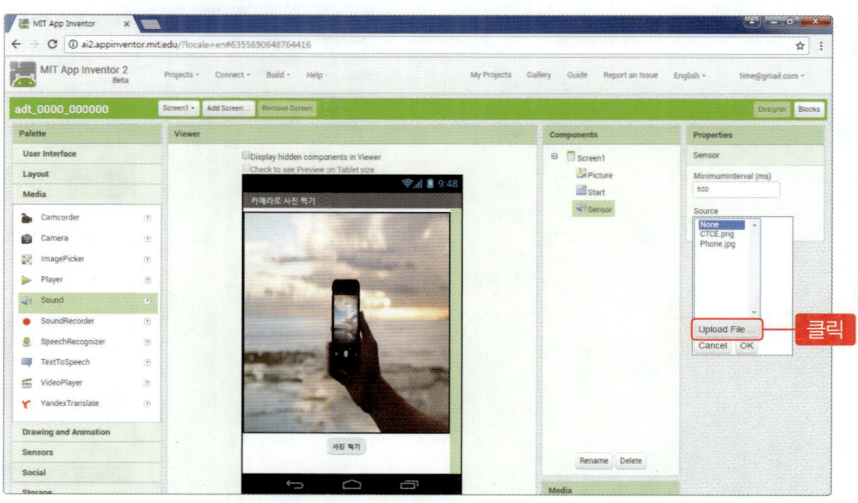

❻ [Upload File(파일 올리기)] 대화상자가 나타나면 [파일 선택]을 클릭합니다.

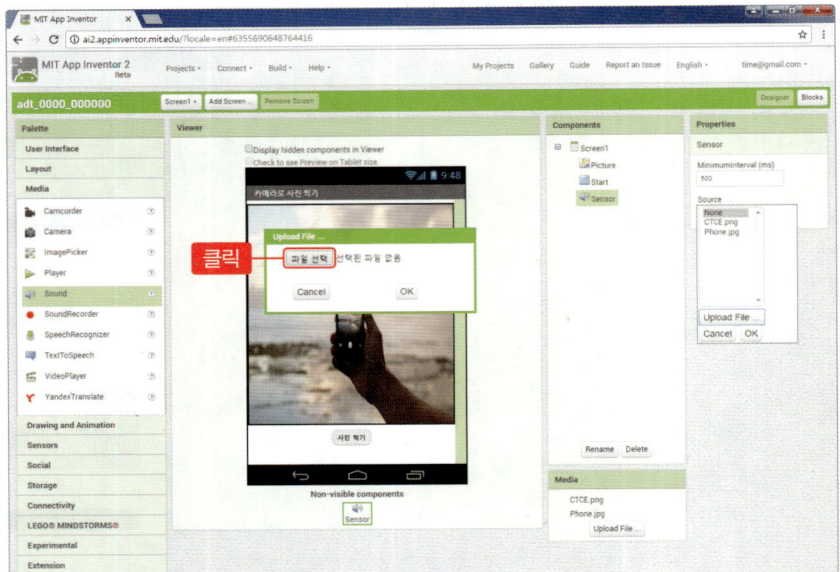

❼ [열기] 대화상자가 나타나면 소리 파일(Sound.wav)을 선택하고 [열기]를 클릭합니다.

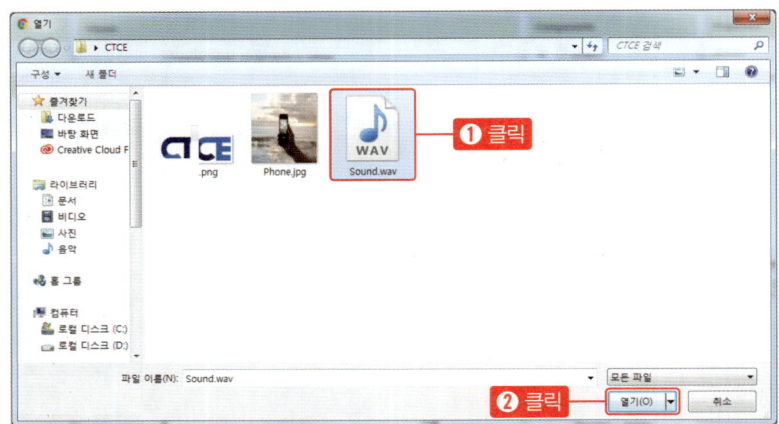

❽ [Upload File(파일 올리기)] 대화상자가 나타나면 [OK(확인)]를 클릭합니다.

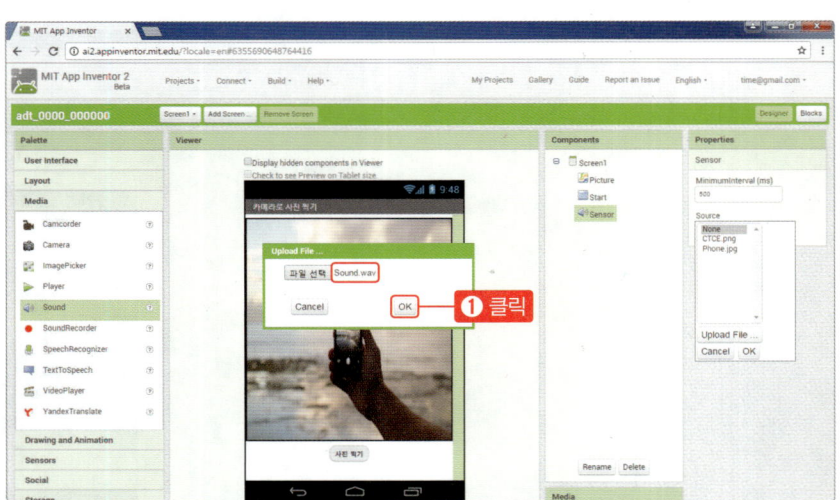

❾ 소리 파일이 업로드 되는 동안 잠시 기다립니다.

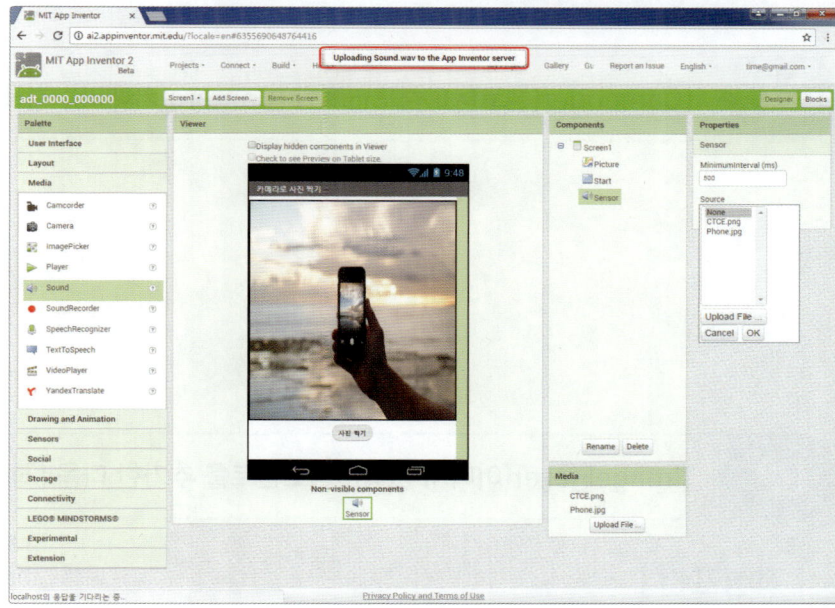

Hint

파일이 업로드 되는 동안 Esc 키 등을 누르면 파일 업로드가 취소될 수 있습니다.

❿ 파일 업로드가 끝나면 [Media(미디어)]와 [Properties]의 [Source]에 업로드된 소리 파일 이름(Sound.wav)이 나타납니다.

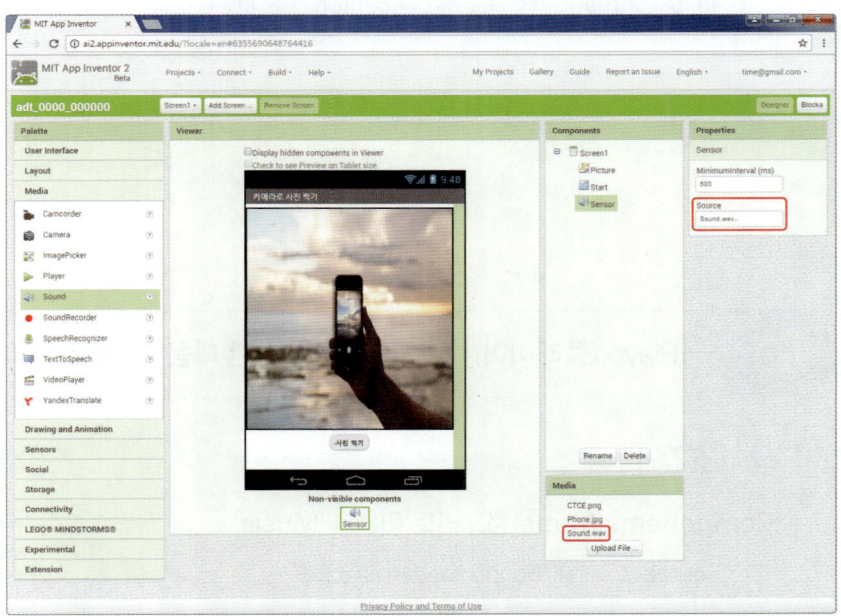

예제로 기본 다지기

01 [Camcoder(캠코더)] 컴포넌트와 [Camera(카메라)] 컴포넌트를 각각 추가하시오.

02 [ImagePicker(이미지 선택)] 컴포넌트를 추가한 다음 [작성 조건]에 따라 속성을 설정하시오.

| 작성조건 |

Components Name(컴포넌트 이름) : 'Select'
- FontBold(글꼴 진하게) ⇒ True
- FontSize(글꼴 크기) ⇒ 16
- Width(너비) ⇒ Fill parent(부모에 맞추기)
- Text(텍스트) ⇒ '이미지 선택'
- TextAlignment(텍스트 정렬) ⇒ center(가운데) : 1

03 [Player(플레이어)] 컴포넌트를 추가한 다음 [작성 조건]에 따라 속성을 설정하시오.

| 작성조건 |

Components Name(컴포넌트 이름) : 'Music'
- Source(소스) ⇒ 'Sound.wav' 파일 업로드
- Volume(볼륨) ⇒ 30

04 [Sound(소리)] 컴포넌트를 추가한 다음 [작성 조건]에 따라 속성을 설정하시오.

| 작성조건 |

Components Name(컴포넌트 이름) : 'Play'
- MinimumInterval(최소 간격) ⇒ 200 (ms)

05 [SoundRecorder(녹음기)]와 [SpeechRecognizer(음성 인식)]를 각각 추가하시오.

06 [TextToSpeech(음성 변환)]와 [YandexTranslate(Yandex 번역)]를 각각 추가하시오.

Step 05 보이지 않는 컴포넌트 삽입하기

작성조건 : [Camera(카메라)], [AccelerometerSensor(가속도 센서)]를 각각 추가하시오.

❶ [Platter(팔레트)]의 [Media(미디어)] 그룹에서 [Camera(카메라)]를 선택한 다음 드래그해 추가합니다.

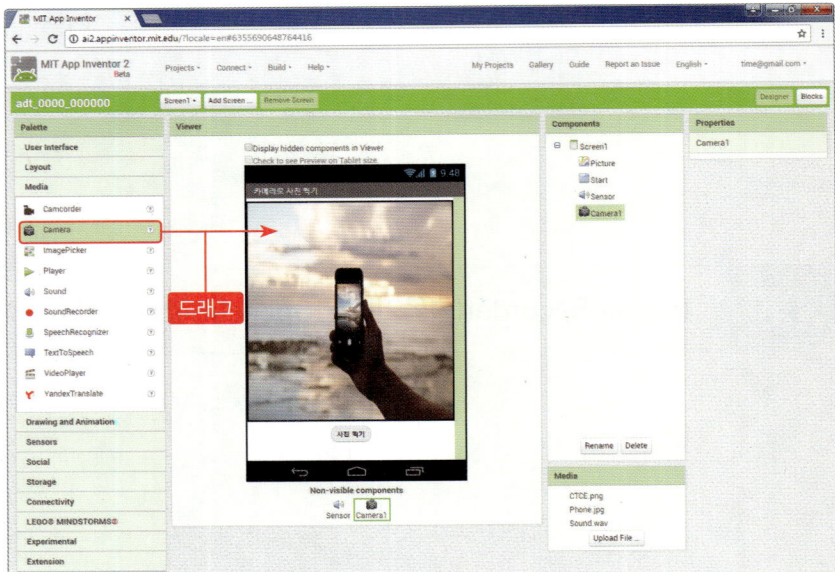

❷ [Platter(팔레트)]의 [Sensors(센서)] 그룹에서 [AccelerometerSensor(가속도 센서)]를 드래그해 추가합니다.

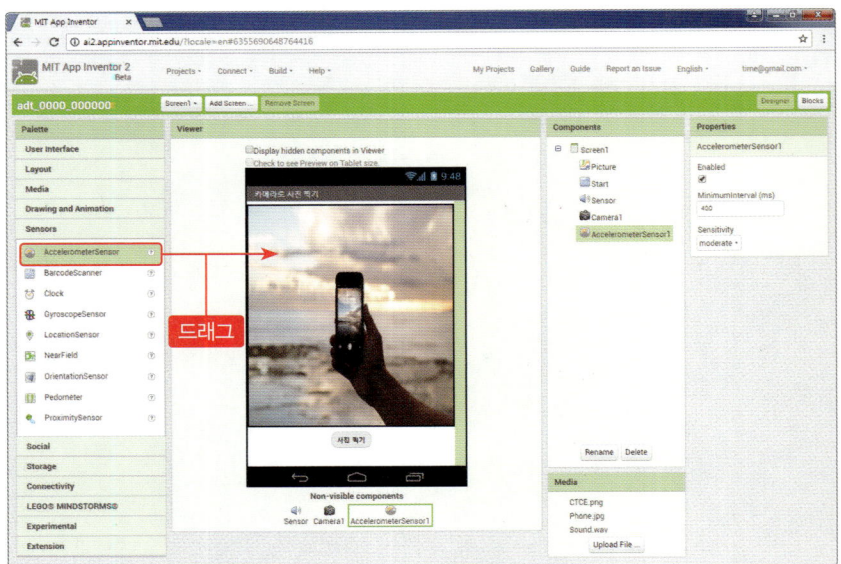

Hint

[Camera(카메라)] 컴포넌트와 [AccelerometerSensor(가속도 센서)] 컴포넌트는 [Screen(스크린)]에 표시되지 않고 [Non-Visible components(보이지 않는 컴포넌트)]에만 표시됩니다.

예제로 기본 다지기

01 [Clock(시계)]와 [LocationSensor(위치 센서)]를 각각 추가하시오.

02 [Pedometer]와 [ProximitySensor(근접 센서)]를 각각 추가하시오.

03 [BarcodeScanner(바코드 스캐너)]와 [OrientationSensor(방향 센서)]를 각각 추가하시오.

유형 03 앱 코딩

앱 인벤터의 블록 조합 화면에서 블록을 이용하여 코딩하는 방법에 대해 알아봅니다.

주요 기능
- 블록 조합 화면
- 블록 연결

결과 화면
• 완성 파일 : ex03.aia

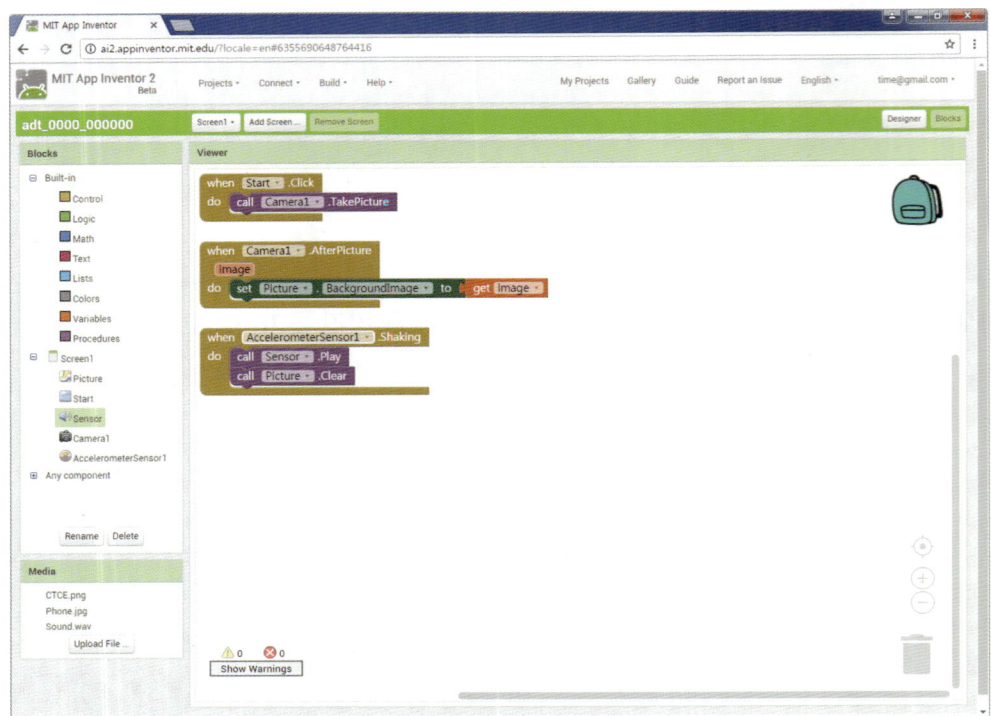

출제유형

- Step 01 : 카메라로 사진을 촬영하는 방법에 대해 알아본다.
- Step 02 : 촬영한 사진을 캔버스에 나타내는 방법에 대해 알아본다.
- Step 03 : 캔버스에 나타난 사진을 지우는 방법에 대해 알아본다.

Step 01 카메라로 사진을 촬영하기

작성조건 : 'Start'를 클릭했을 때 : 카메라로 사진을 촬영하기

❶ 블록 조합 화면으로 바꾸기 위해 디자이너 화면에서 [Blocks(블록)]을 클릭합니다.

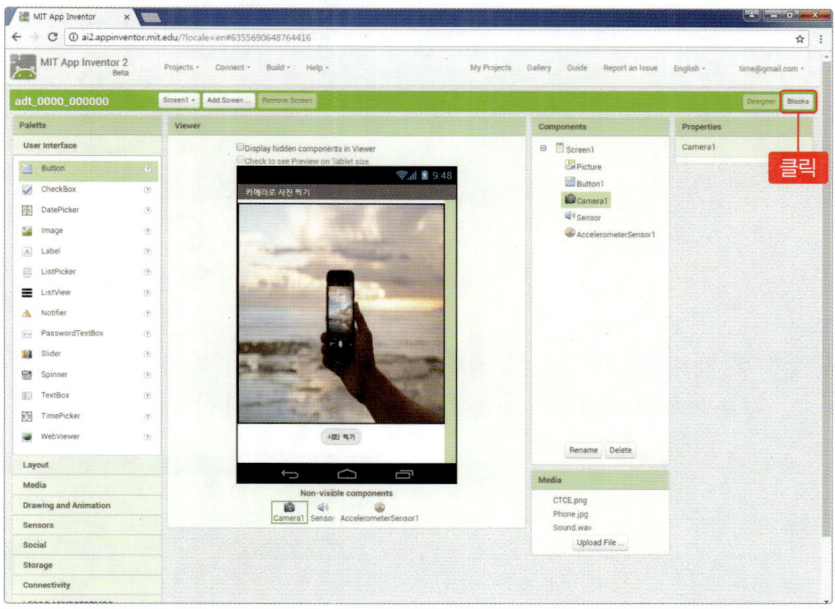

❷ 블록 조합 화면이 나타나면 [Blocks(블록)]에서 [Start]를 선택합니다. [Start]는 [Button(버튼)] 컴포넌트입니다.

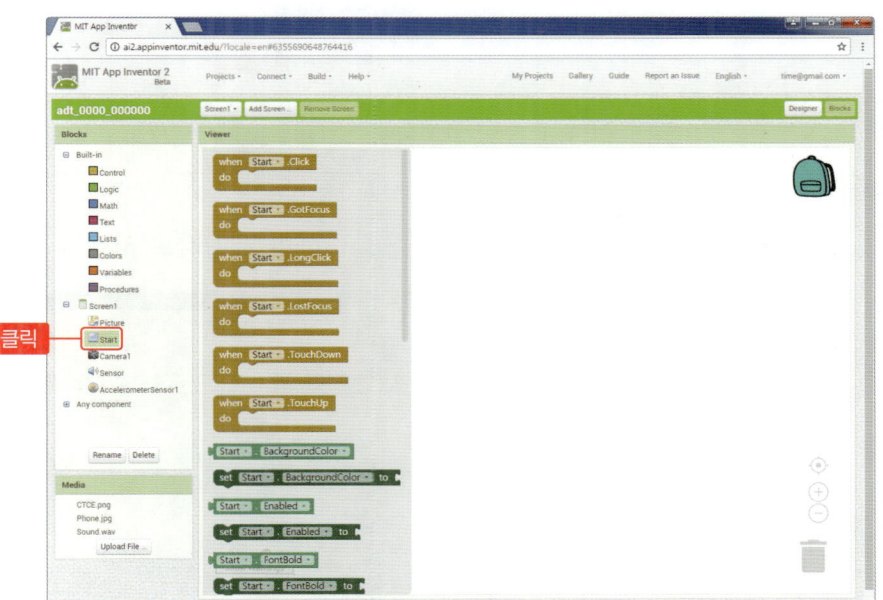

❸ [Viewer(뷰어)]에 블록이 나타나면 [When Start Click(언제 Start 클릭)] 블록을 드래그합니다. [When Start Click(언제 Start 클릭)] 블록은 [Button(버튼)] 컴포넌트를 클릭했을 때 실행합니다.

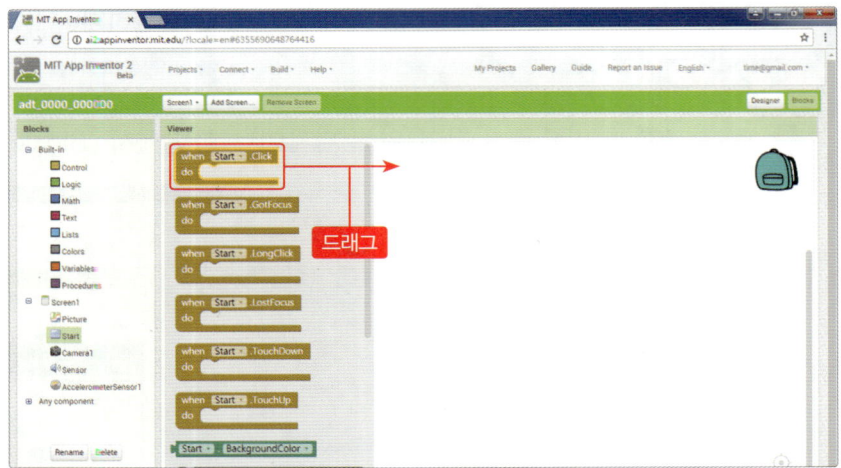

❹ 카메라로 사진을 촬영하기 위해 [Blocks(블록)]에서 [Camera1(카메라1)]을 선택합니다. [call Camera1 TakePicture(호출 카메라1로 사진 찍기)] 블록을 드래그해 연결합니다.

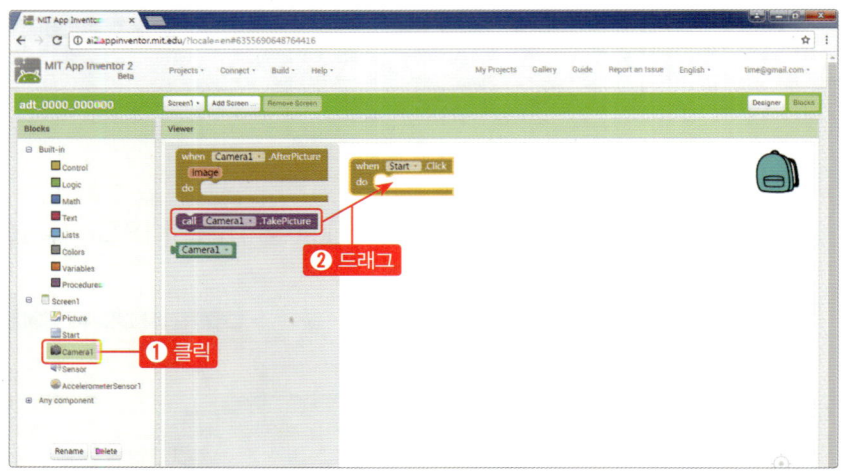

❺ 앱을 실행한 다음 [Start] 버튼을 클릭하면 카메라로 사진을 촬영할 수 있습니다.

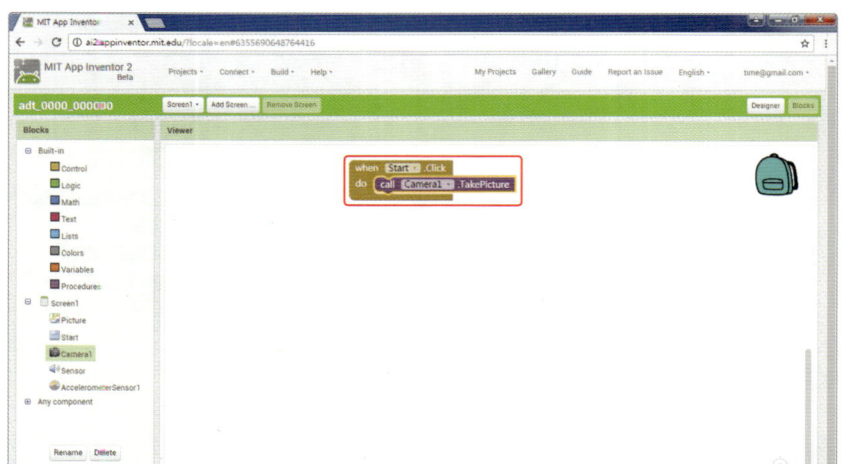

Step 02 촬영한 사진을 캔버스에 나타내기

작성조건 : 'Camera1'로 사진을 찍었을 때 : 촬영한 사진을 캔버스에 나타내기

❶ [Blocks(블록)]에서 [Camera1(카메라1)]을 선택합니다. [when Camera1 AfterPicture(언제 Camera1 사진 찍은 후)] 블록을 드래그합니다. [when Camera1 AfterPicture(언제 Camera1 사진 찍은 후)] 블록은 카메라로 촬영한 후에 어떤 작업을 할지 지정하는 블록입니다.

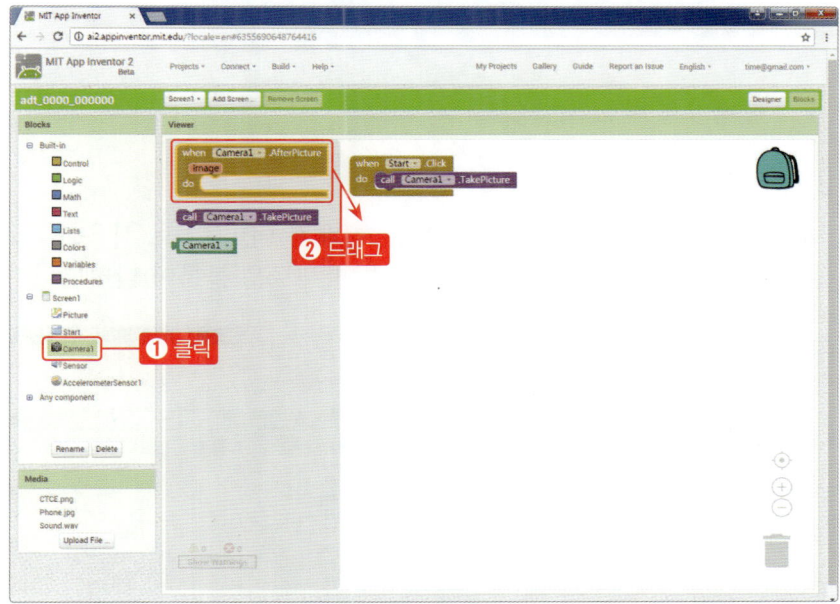

❷ [Blocks(블록)]에서 [Picture]를 선택한 다음 [Viewer(뷰어)]의 스크롤을 아래로 내립니다. [Picture]는 [Canvas(캔버스)] 컴포넌트입니다.

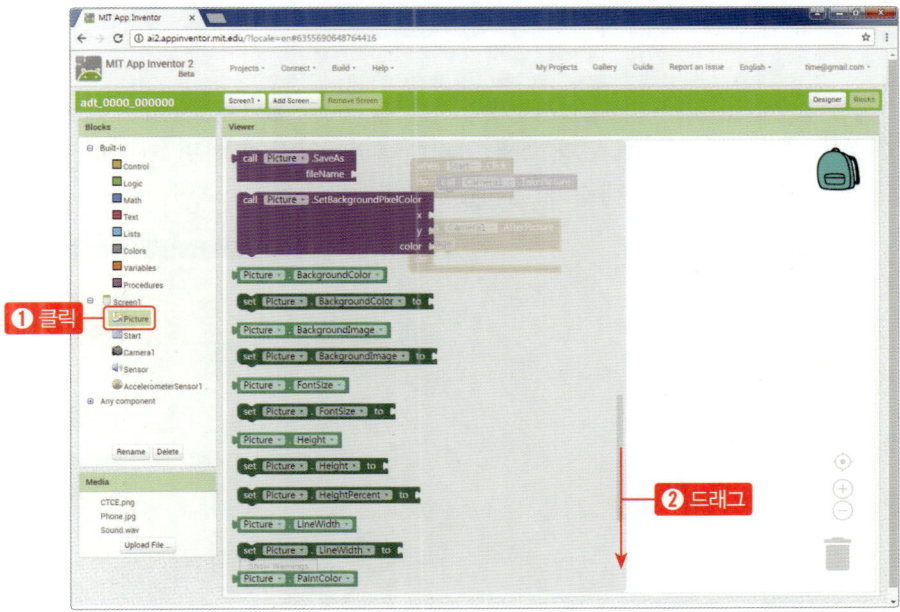

❸ [Set Picture BackgroundImage(지정하기 Picture 배경 이미지)]를 드래그해 연결합니다.

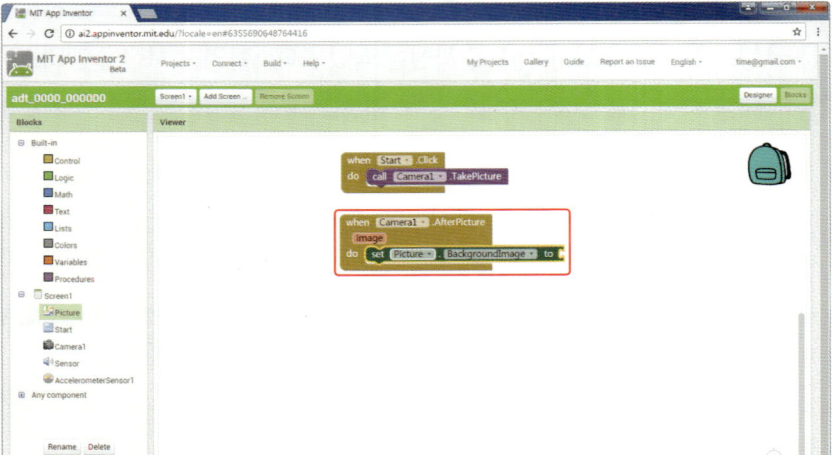

❹ [Picture]의 [BackgroundImage(배경 이미지)]로 사용할 사진을 지정하기 위해 [image]에 마우스 포인터를 위치합니다. 이렇게 하면 새로운 블록이 나타납니다.

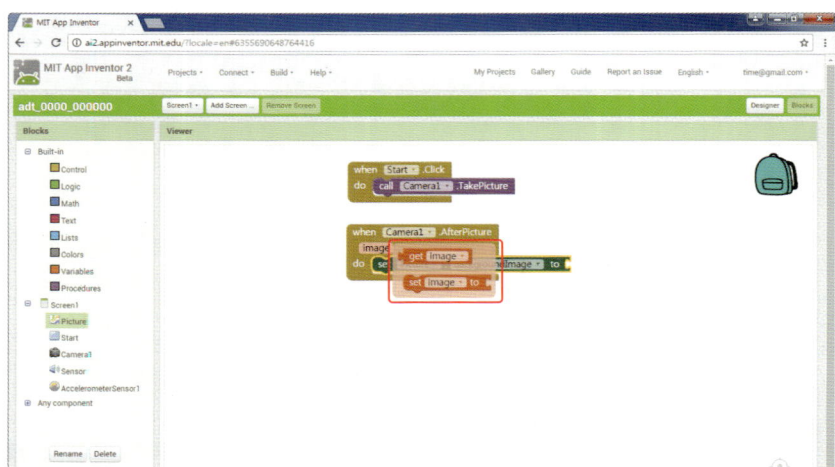

❺ [get image(가져오기 이미지)] 블록을 [Set Picture BackgroundImage(지정하기 Picture 배경 이미지)]에 드래그해 연결합니다. 이렇게 하면 카메라로 촬영한 이미지가 [Picture]의 BackgroundImage(배경 이미지)로 바뀝니다.

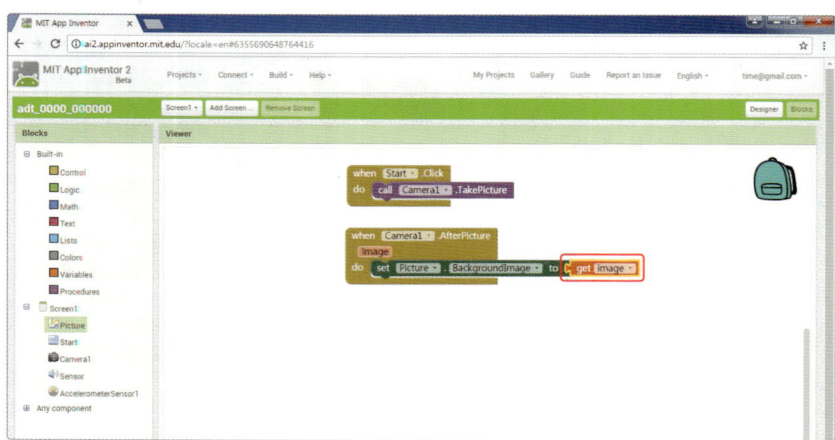

Step 03 캔버스에 나타난 사진 지우기

작성조건 : AccelerometerSensor1'을 흔들었을 때 :
소리('Sound.wav')를 내고, 카메라로 촬영하여 캔버스에 나타난 사진 지우기

❶ [Blocks(블록)]에서 AccelerometerSensor1(가속도_센서1)]을 선택한 다음 [when Accelerometer Sensor1 Shaking(언제 가속도_센서1 흔들림)] 블록을 드래그합니다.

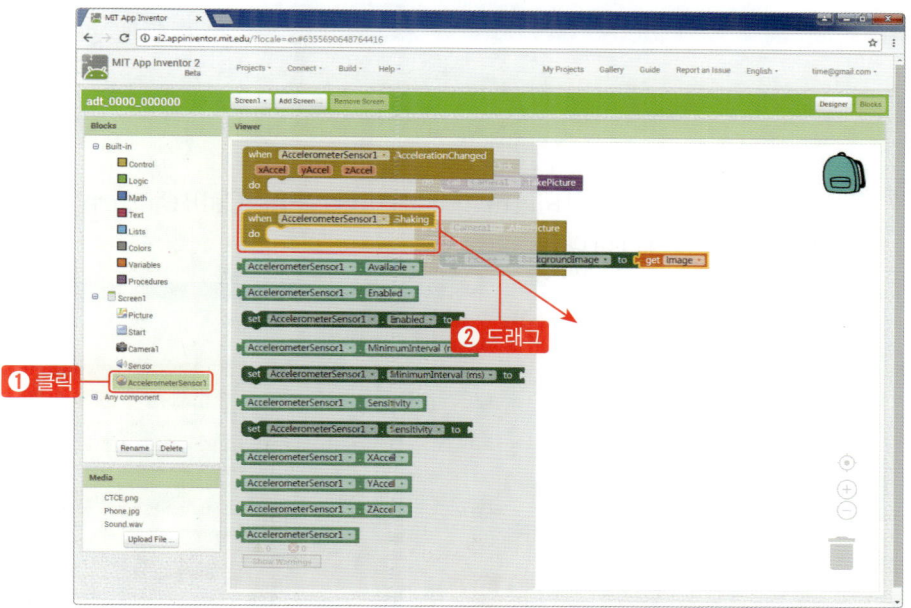

❷ 소리('Sound.wav')를 내기 위해 [Blocks(블록)]에서 [Sensor]를 선택한 다음 [Call Sensor Play (호출 Sensor 재생)] 블록을 드래그해 연결합니다.

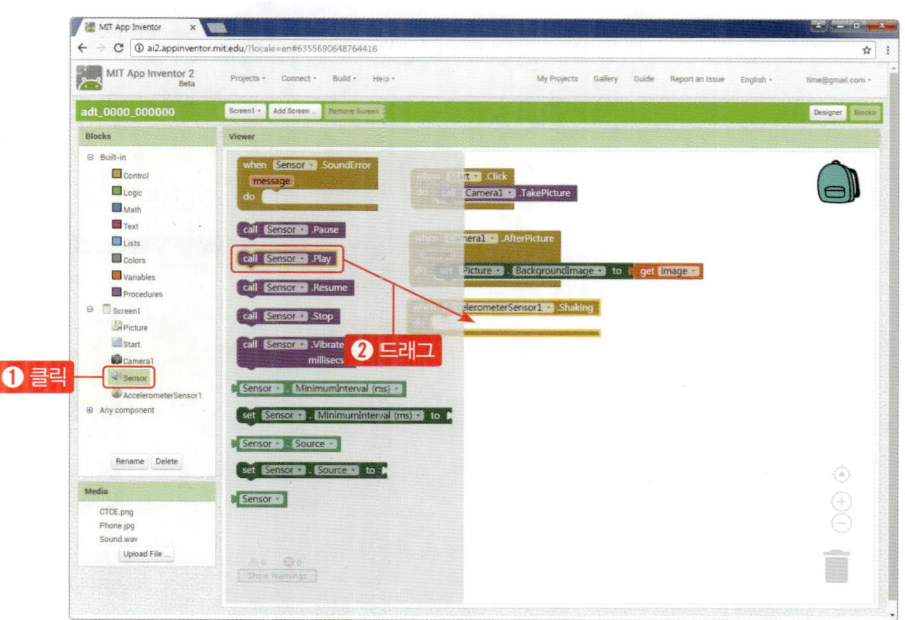

❸ 이렇게 코딩하면 [AccelerometerSensor1(가속도_센서1)]이 흔들리면 소리('Sound.wav')가 재생됩니다.

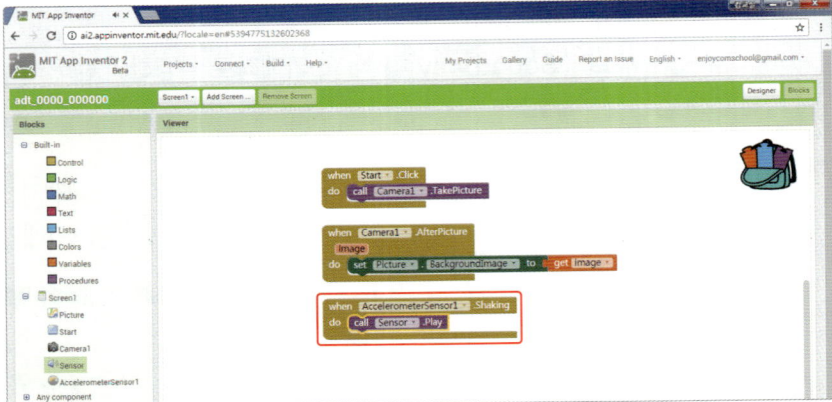

❹ [Blocks(블록)]에서 [Picture]를 선택한 다음 [Call Picture Clear(호출 Picture 지우기)] 블록을 드래그해 연결합니다.

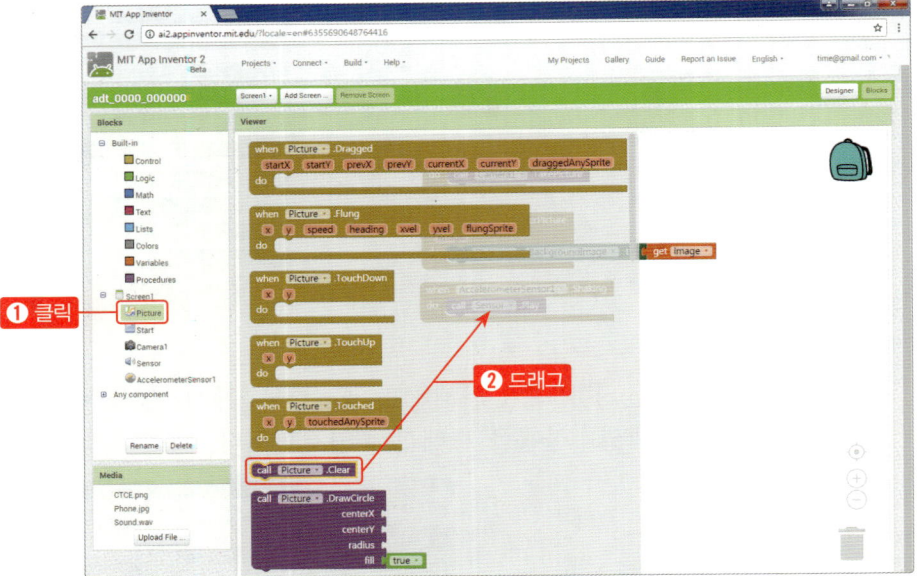

❺ 이렇게 하면 소리('Sound.wav')가 재생된 다음 [Picture]가 지워집니다.

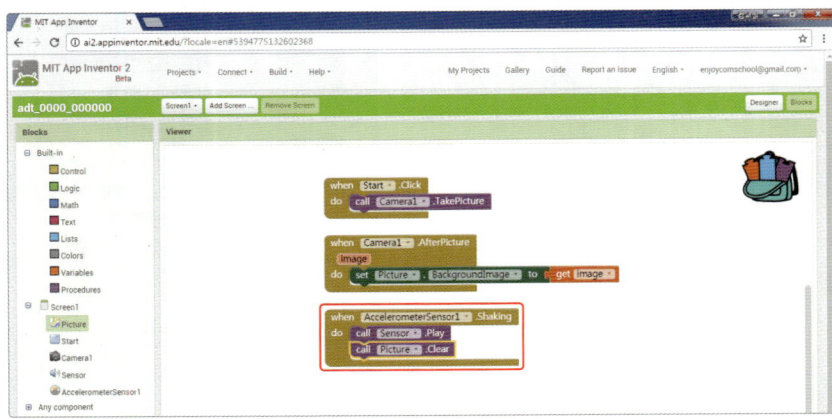

예제로 기본 다지기

버튼을 클릭하면 영상을 녹화하고 녹화가 끝나면 자동으로 재생해주는 프로젝트

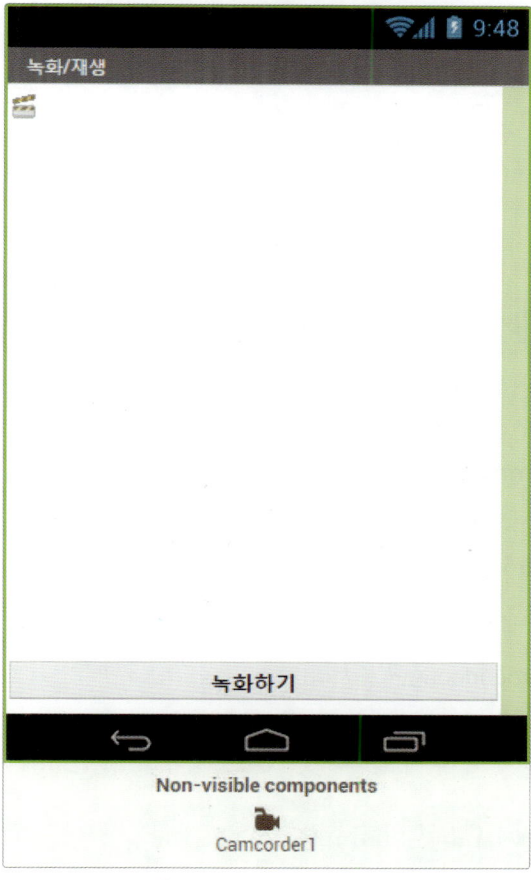

▶ Components(컴포넌트)

- ▶ Screen(스크린)
- ▶ Button(버튼)
- ▶ VideoPlayer(비디오 플레이어)
- ▶ Camcoder(캠코더)

01 앱 디자인

문제 1 [VideoPlayer(비디오 플레이어)]를 추가한 후 [작성 조건]에 따라 설정하시오.

| 작성조건 |

Components Name(컴포넌트 이름) : 'Video'
- Height(높이) ⇒ 370 pixels
- Width(너비) ⇒ Fill parent(부모에 맞추기)

문제 2 [Button(버튼)]을 추가한 후 [작성 조건]에 따라 설정하시오.

| 작성조건 |

Components Name(컴포넌트 이름) : 'Cam'
- FontBold(글꼴 진하게) ⇒ True
- FontSize(글꼴 크기) ⇒ 16
- Width(너비) ⇒ Fill parent(부모에 맞추기)
- Shape(모양) ⇒ rounded(둥근 모서리)
- Text(텍스트) ⇒ '녹화하기'

문제 3 [Camcoder(캠코더)]를 추가하시오.

02 앱 코딩

문제 1 [작성 조건]에 따라 코딩하시오.

| 작성조건 |

'Cam'을 클릭했을 때
- 녹화를 시작한다.

'Cam'으로 녹화가 끝났을 때
- 녹화된 영상을 'Video'에서 재생한다.

예제로 기본 다지기

목소리를 인식하여 텍스트로 바꿔주는 프로젝트

▶ Components(컴포넌트)

- ▶ Screen(스크린)
- ▶ Label(레이블)
- ▶ AccelerometerSensor(가속도 센서)
- ▶ Button(버튼)
- ▶ SpeechRecognizer(음성 인식)

01 앱 디자인

문제 1 [Button(버튼)] 컴포넌트를 추가한 후 [작성 조건]에 따라 설정하시오.

| 작성조건 |

Components Name(컴포넌트 이름) : 'Voice'
- FontBold(글꼴 진하게) ⇒ True
- FontSize(글꼴 크기) ⇒ 16
- Width(너비) ⇒ Fill parent(부모에 맞추기)
- Shape(모양) ⇒ rounded(둥근 모서리)
- Text(텍스트) ⇒ '음성 인식'

문제 2 [Label(레이블)] 컴포넌트를 추가한 후 [작성 조건]에 따라 설정하시오.

| 작성조건 |

Components Name(컴포넌트 이름) : 'Text'
- FontBold(글꼴 진하게) ⇒ True
- FontSize(글꼴 크기) ⇒ 16
- Height(높이) ⇒ Fill parent(부모에 맞추기)
- Width(너비) ⇒ Fill parent(부모에 맞추기)

문제 3 [SpeechRecognizer(음성 인식)]와 [AccelerometerSensor(가속기 센서)]를 각각 추가하시오.

02 앱 코딩

문제 1 [작성 조건]에 따라 코딩하시오.

| 작성조건 |

'Voice'를 클릭했을 때
- 음성 인식을 시작한다.

'Voice'로 음성 인식이 끝났을 때
- 텍스트로 변환하여 'Text'에 문자로 표시한다.

[AccelerometerSensor(가속기 센서)]를 흔들었을 때
- 'Text'를 지운다.

유형 04 완성된 프로젝트 저장

완성된 프로젝트를 aia 파일로 다운로드하여 저장하고 이름을 바꾸는 방법에 대해 알아본다.

주요 기능
- aia 파일 만들기
- 파일 이동하기

결과 화면

출제유형

- Step 01 : 완성된 프로젝트를 내 컴퓨터에 저장하는 방법에 대해 알아본다.
- Step 02 : 저장된 프로젝트를 이동하는 방법에 대해 알아본다.

Step 01 프로젝트를 내 컴퓨터에 저장하기

작성조건 : 다음 규칙에 따라 프로젝트를 생성하고 저장하시오. [저장 경로 : 바탕화면 – **CTCE** 폴더]

| 프로젝트 생성 | '수검번호' | 프로젝트 저장 | '수검번호.aia' |

– 수검번호가 ADT-0000-000000인 경우 'adt_0000_000000'으로 지정할 것

① 완성된 프로젝트를 저장하기 위해 [Projects(프로젝트)]-[Save project(프로젝트 저장)]을 선택합니다. 이렇게 하면 프로젝트가 웹에 저장됩니다.

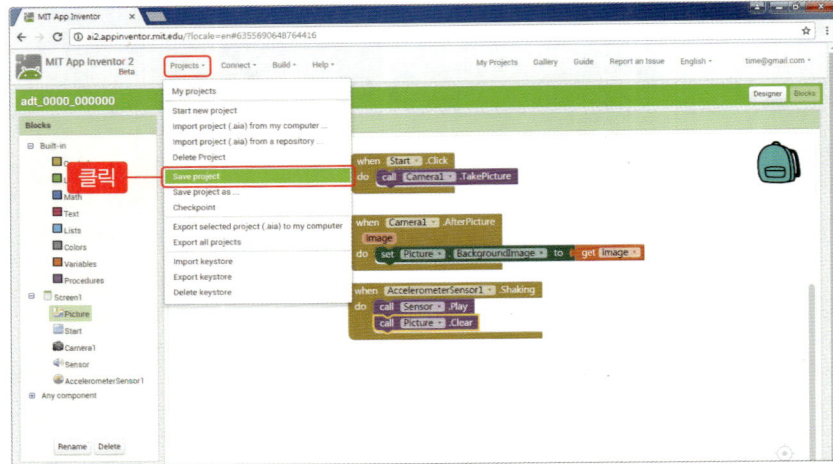

② 완성된 프로젝트를 컴퓨터에 저장하기 위해 [Projects(프로젝트)]-[Export selected project .aia to my computer(선택된 프로젝트 .aia를 내 컴퓨터로 내보내기)]를 선택합니다.

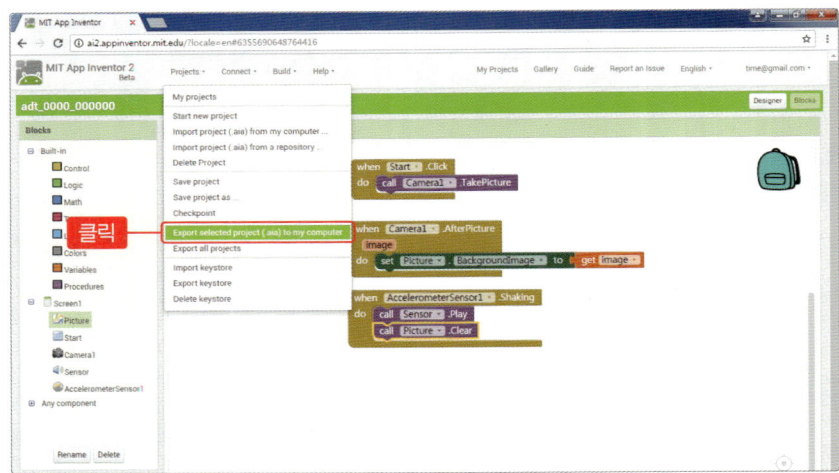

Hint

[Build(빌드)]-[App save .apk to my computer(앱 .apk를 내 컴퓨터에 저장하기)] 메뉴는 완성된 프로젝트를 빌드한 후 확장자가 apk인 파일로 저장하는 메뉴입니다. 시험에서는 .aia 파일로 저장해야 하므로 [Build(빌드)]-[App save .apk to my computer(앱 .apk를 내 컴퓨터에 저장하기)]를 사용하지 않습니다.

❸ 프로젝트가 다운로드 되면 를 클릭해 [폴더 열기]를 선택합니다.

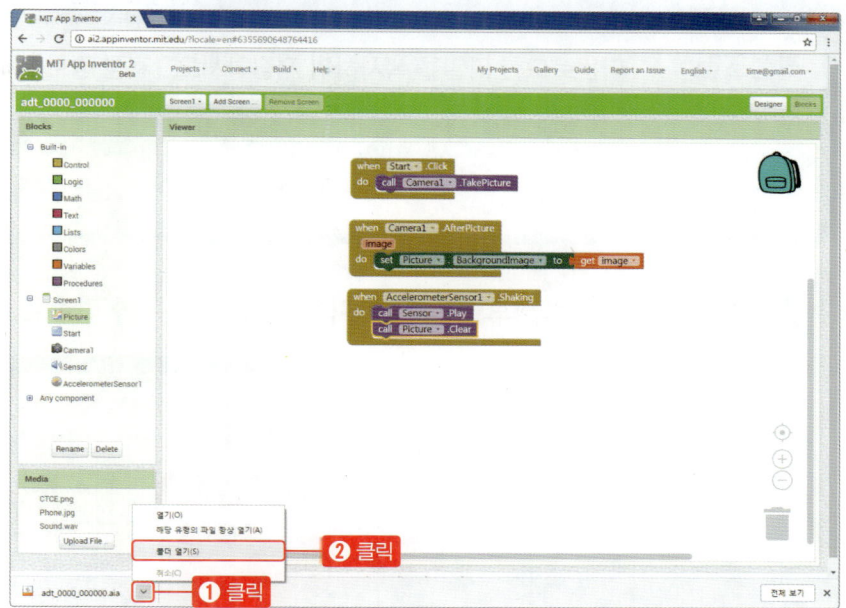

Step 02 파일 이동하기

작성조건 : 다운로드한 파일을 복사하여 저장하시오. [저장 경로 : 바탕화면 – CTCE 폴더]

| 프로젝트 생성 | '수검번호' | 프로젝트 저장 | '수검번호.aia' |

– 예) 수검번호가 ADT-0000-000000인 경우 'adt_0000_000000'으로 지정할 것

① 다운로드 된 프로젝트를 선택한 다음 마우스 오른쪽 단추를 눌러 [잘라내기]를 선택합니다.

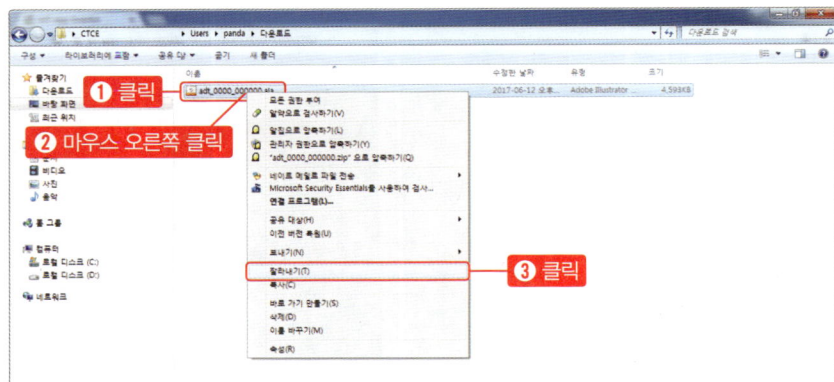

② '바탕화면'의 'CTCE' 폴더를 선택하고 마우스 오른쪽 단추를 눌러 [붙여넣기]를 선택합니다.

③ 파일이 이동합니다.

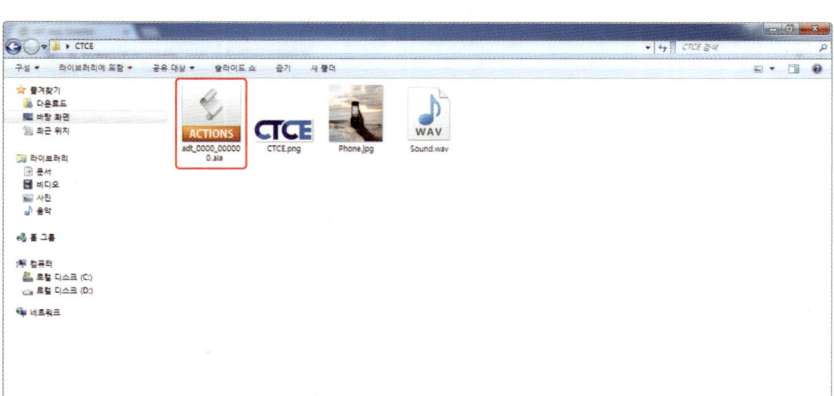

ADT 앱창의개발능력

PART 03

예제로 정복하기

예제 **01** 나만의 시계

예제 **02** 텍스트를 입력하면 읽어주기

예제 **03** 나만의 갤러리

예제 **04** 주소가 사라지는 웹브라우저

예제 **05** 나만의 녹음기

예제 **06** 바코드 스캐너

예제 **07** 보이스 메모장

예제 **08** 이동 거리 측정기

예제 **09** 듀얼 웹브라우저

예제 **10** 공으로 그리는 그림판

예제 01 나만의 시계

현재 날짜와 시간을 표시해주는 프로젝트 만들기

결과 화면 • 완성 파일 : exam01.aia

▶ Components(컴포넌트)

- ▶ Screen(스크린)
- ▶ Label(레이블)
- ▶ Label(레이블)
- ▶ Clock(시계)

▶ Media(미디어)

- ▶ CTCE.png
- ▶ Timer.jpg

앱 디자인하기

앱 디자인은 [작성 조건]을 준수하여 설정하되 제시되지 않은 항목은 변경하지 않도록 합니다.

① **[작성 조건]에 따라 [Screen(스크린)]을 설정하시오.**

| 작성조건 | Components Name(컴포넌트 이름) : 'Screen1'
- AlignHorizontal(수평 정렬) ⇒ Center(중앙) : 3
- AlignVertical(수직 정렬) ⇒ Center(가운데) 2
- BackgroundImage(배경 이미지) ⇒ 'Timer..pg' 이미지 업로드
- Icon(아이콘) ⇒ 'CTCE.png' 이미지 업로드
- Title(제목) ⇒ '나만의 시계'

② **[Label(레이블)]을 추가한 후 [작성 조건]에 따라 설정하시오.**

| 작성조건 | Components Name(컴포넌트 이름) : 'Date'
- FontSize(글꼴 크기) ⇒ 30
- Text(텍스트) ⇒ '날짜'
- Width(너비) ⇒ Fill parent(부모에 맞추기)
- TextAlignment(텍스트 정렬) ⇒ center(가운데) : 1

③ **[Label(레이블)]**을 추가한 후 [작성 조건]에 따라 설정하시오.

| 작성조건 | Components Name(컴포넌트 이름) : 'Time'
- FontSize(글꼴 크기) ⇒ 30
- Text(텍스트) ⇒ '시간'
- Width(너비) ⇒ Fill parent(부모에 맞추기)

④ **[Clock(시계)]**을 추가하시오.

코딩 구현하기

코딩은 [작성 조건]을 준수하여 최소한의 명령 블록으로 프로젝트가 오류 없이 실행되도록 구성합니다.

01 'Clock' 타이머일 때
- 'Date'에 현재 날짜를 'yyyy년 MM월 dd일' 형식으로 표시한다.
- 'Time'에 현재 시간을 'HH:mm:ss' 형식으로 표시한다.

텍스트를 입력하면 읽어주기

텍스트를 입력하고 버튼을 클릭하면 읽어주는 프로젝트 만들기

결과 화면 • 완성 파일 : exam02.aia

▶ Components(컴포넌트)

- ▶ Screen(스크린)
- ▶ Button(버튼)
- ▶ AccelerometerSensor(가속도 센서)
- ▶ TextBox(텍스트 상자)
- ▶ TextToSpeech(음성 변환)

▶ Media(미디어)

- ▶ CTCE.png

앱 디자인하기

앱 디자인은 [작성 조건]을 준수하여 설정하되 제시되지 않은 항목은 변경하지 않도록 합니다.

① [작성 조건]에 따라 [Screen(스크린)]을 설정하시오.

| 작성조건 | Components Name(컴포넌트 이름) : 'Screen1'
- AlignHorizontal(수평 정렬) ⇒ Center(중앙) : 3
- Icon(아이콘) ⇒ 'CTCE.png' 이미지 업로드
- Title(제목) ⇒ '문장읽기'

② [TextBox(텍스트 상자)]를 추가한 후 [작성 조건]에 따라 설정하시오.

| 작성조건 | Components Name(컴포넌트 이름) : 'Text'
- FontBold(글꼴 진하게) ⇒ True
- FontSize(글꼴 크기) ⇒ 16
- Hint(힌트) ⇒ '문장 입력'
- Heigh(높이) ⇒ 370 pixels
- Width(너비) ⇒ Fill parent(부모에 맞추기)

③ **[Button(버튼)]**을 추가한 후 [작성 조건]에 따라 설정하시오.

| 작성조건 | Components Name(컴포넌트 이름) : 'Reading'
- FontBold(글꼴 진하게) ⇒ True
- FontSize(글꼴 크기) ⇒ 16
- Text(텍스트) ⇒ '읽어주기'
- Shape(모양) ⇒ oval(타원)

④ **[TextToSpeech(음성 변환)]**와 **[AccelerometerSensor(가속도 센서)]**를 추가하시오.

코딩 구현하기

코딩은 [작성 조건]을 준수하여 최소한의 명령 블록으로 프로젝트가 오류 없이 실행되도록 구성합니다.

01 'Reading'을 클릭했을 때
- 'Text'에 입력한 문장을 읽어준다.

02 'AccelerometerSensor(가속도 센서)'를 흔들었을 때
- 'Text'를 지운다.

예제 03 나만의 갤러리

버튼을 클릭해 이미지를 선택하면 화면에 표시하는 프로젝트 만들기

결과 화면
• 완성 파일 : exam03.aia

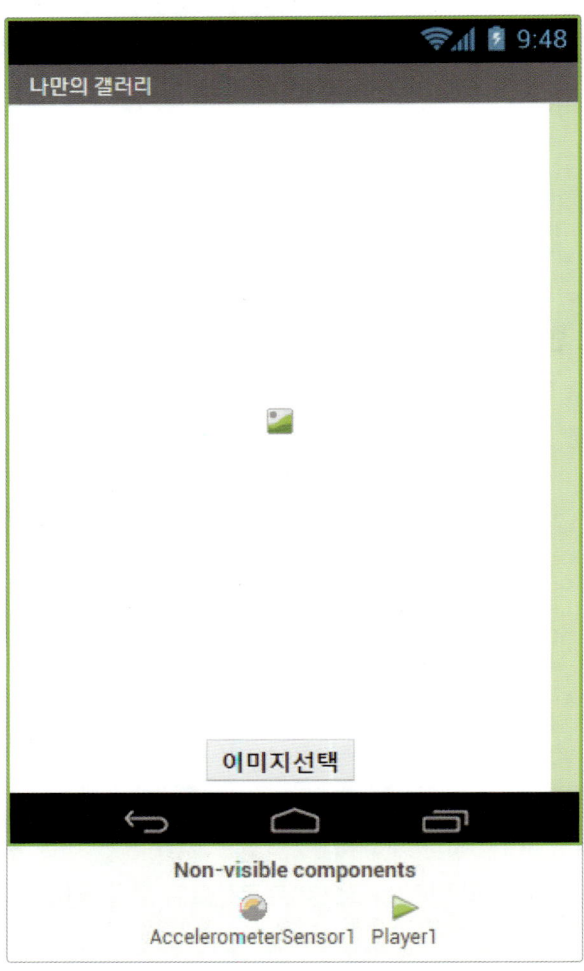

▶ Components(컴포넌트)

- ▶ Screen(스크린)
- ▶ Button(버튼)
- ▶ AccelerometerSensor(가속도 센서)
- ▶ Image(이미지)
- ▶ ImagePicker(이미지 선택)
- ▶ Player(플레이어)

▶ Media(미디어)

- ▶ CTCE.png

앱 디자인하기

앱 디자인은 [작성 조건]을 준수하여 설정하되 제시되지 않은 항목은 변경하지 않도록 합니다.

① [작성 조건]에 따라 [Screen(스크린)]을 설정하시오.

| 작성조건 | Components Name(컴포넌트 이름) : 'Screen1'
- AlignHorizontal(수평 정렬) ⇒ Center(중앙) : 3
- OpenScreenAnimation(스크린 애니메이션 열기) ⇒ SlidHorizontal(수평슬라이드)
- ScreenOrientation(스크린 방향) ⇒ Sensor(센서)
- Icon(아이콘) ⇒ 'CTCE.png' 이미지 업로드
- Title(제목) ⇒ '나만의 갤러리'

② [Image(이미지)]를 추가한 후 [작성 조건]에 따라 설정하시오.

| 작성조건 | Components Name(컴포넌트 이름) : 'Picture'
- Heigh(높이) ⇒ Fill parents(부모에 맞추기)
- Width(너비) ⇒ Fill parents(부모에 맞추기)

③ [Button(버튼)]을 추가한 후 [작성 조건]에 따라 설정하시오.

| 작성조건 | Components Name(컴포넌트 이름) : 'Select'
- FontBold(글꼴 진하게) ⇒ True
- FontSize(글꼴 크기) ⇒ 16
- Shape(모양) ⇒ rectangular(직사각형)
- Text(텍스트) ⇒ '이미지선택'

④ **[ImagePicker(이미지 선택)]을 추가한 후 [작성 조건]에 따라 설정하시오.**

| 작성조건 | Components Name(컴포넌트 이름) : 'PicPicker'
• Visible(보이기) ⇒ False

⑤ **[Player(플레이어)]와 [AccelerometerSensor(가속도 센서)]를 추가하시오.**

코딩 구현하기

코딩은 [작성 조건]을 준수하여 최소한의 명령 블록으로 프로젝트가 오류 없이 실행되도록 구성합니다.

01 'Select'를 클릭했을 때
  • 'PicPicker'를 이용해 이미지를 선택한다.

02 'AccelerometerSensor(가속도 센서)'가 흔들렸을 때
  • 'Picture'를 지운다.

03 'PicPicker'를 이용해 이미지를 선택한 후
  • 선택한 이미지를 'Picture'에 표시한다.
  • 'Picture'로 1000 milliseconds(밀리 초) 만큼 진동을 울린다.

예제 04

주소가 사라지는 웹브라우저

스마트폰을 흔들면 주소를 입력할 수 있는 텍스트 상자와 버튼이 나타나는 웹브라우저 프로젝트 만들기

결과 화면
• 완성 파일 : exam04.aia

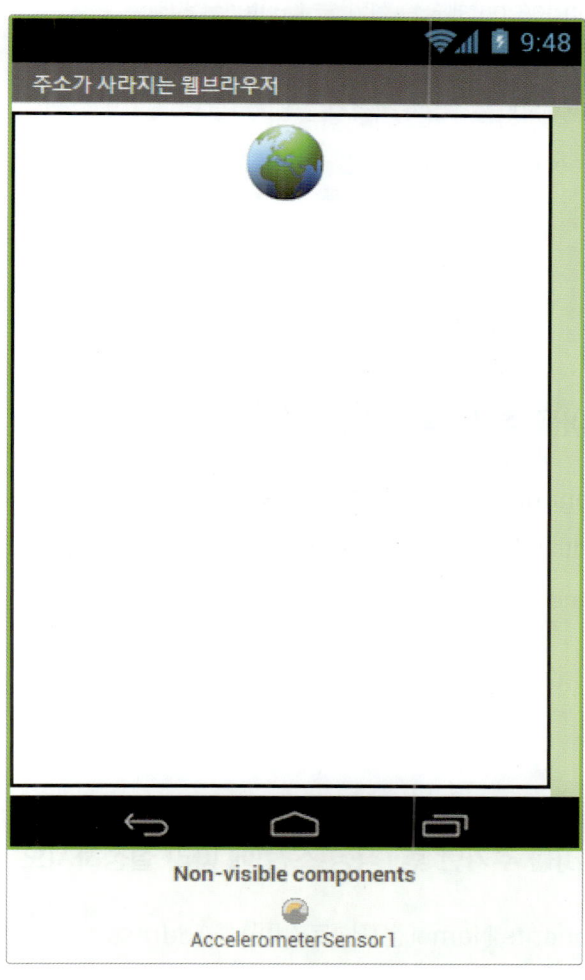

▶ Components(컴포넌트)

- ▶ Screen(스크린)
- ▶ WebViewer(웹 뷰어)
- ▶ TextBox(텍스트 상자)
- ▶ Button(버튼)
- ▶ AccelerometerSensor(가속도 센서)

▶ Media(미디어)

- ▶ CTCE.png

앱 디자인하기

앱 디자인은 [작성 조건]을 준수하여 설정하되 제시되지 않은 항목은 변경하지 않도록 합니다.

① [작성 조건]에 따라 [Screen(스크린)]을 설정하시오.

| 작성조건 | Components Name(컴포넌트 이름) : 'Screen1'
- AlignHorizontal(수평 정렬) ⇒ Center(중앙) : 3
- Icon(아이콘) ⇒ 'CTCE.png' 이미지 업로드
- Title(제목) ⇒ '주소가 사라지는 웹브라우저'
- ScreenOrientation(스크린 방향) ⇒ Sensor(센서)

② [WebViewer(웹 뷰어)]를 추가한 후 [작성 조건]에 따라 설정하시오.

| 작성조건 | Components Name(컴포넌트 이름) : 'Viewer'
- Width(너비) ⇒ Fill parent(부모에 맞추기)
- HomeUrl(홈 URL) ⇒ 'https://www.google.com'

③ [TextBox(텍스트 상자)]를 추가한 후 [작성 조건]에 따라 설정하시오.

| 작성조건 | Components Name(컴포넌트 이름) : 'Address'
- Hint(힌트) ⇒ '연결할 주소 입력'
- Width(너비) ⇒ Fill parent(부모에 맞추기)
- Visible(표시) ⇒ False

④ **[Button(버튼)]**을 추가한 후 [작성 조건]에 따라 설정하시오.

| 작성조건 | Components Name(컴포넌트 이름) : 'Link'
- FontBold(글꼴 진하게) ⇒ True
- Text(텍스트) ⇒ '연결'
- Visible(표시) ⇒ False

⑤ **[AccelerometerSensor(가속도 센서)]**를 추가하시오.

코딩 구현하기

코딩은 [작성 조건]을 준수하여 최소한의 명령 블록으로 프로젝트가 오류 없이 실행되도록 구성합니다.

01 'AccelerometerSensor(가속도 센서)'를 흔들었을 때
- 'Address'와 'Link'를 화면에 표시한다.

02 'Link'를 클릭했을 때
- 'Address'에 입력한 주소에 해당하는 웹 페이지를 'View'에 표시하고 'Address'와 'Link'를 화면에서 감춘다.

예제 05 나만의 녹음기

버튼을 클릭하면 녹음을 시작하고, 녹음이 끝난 후 버튼을 클릭하면 녹음된 소리를 재생하는 프로젝트 만들기

결과 화면
• 완성 파일 : exam05.aia

▶ Components(컴포넌트)

- ▶ Screen(스크린)
- ▶ Button(버튼)
- ▶ SoundRecorder(녹음기)
- ▶ Image(이미지)
- ▶ Button(버튼)
- ▶ Sound(소리)

▶ Media(미디어)

- ▶ CTCE.png
- ▶ Record.png

앱 디자인하기

앱 디자인은 [작성 조건]을 준수하여 설정하되 제시되지 않은 항목은 변경하지 않도록 합니다.

① **[작성 조건]에 따라 [Screen(스크린)]을 설정하시오.**

| 작성조건 | Components Name(컴포넌트 이름) : 'Screen1'
- AlignHorizontal(수평 정렬) ⇒ Center(중앙) : 3
- AlignVertical(수평 정렬) ⇒ Bottom(아래) : 3
- Icon(아이콘) ⇒ 'CTCE.png' 이미지 업로드
- Title(제목) ⇒ '나만의 녹음기'
- ScreenOrientation(스크린 방향) ⇒ Portrait(세로)

② **[Image(이미지)]를 추가한 후 [작성 조건]에 따라 설정하시오.**

| 작성조건 | Components Name(컴포넌트 이름) : 'Picture'
- Height(높이) ⇒ 300 pixels
- Width(너비) ⇒ Fill parent(부모에 맞추기)
- Picture(사진) ⇒ 'Record.png' 이미지 업로드

③ **[Button(버튼)]을 추가한 후 [작성 조건]에 따라 설정하시오.**

| 작성조건 | Components Name(컴포넌트 이름) : 'Record'
- FontBold(글꼴 진하게) ⇒ True
- FontSize(글꼴 크기) ⇒ 16
- Shape(모양) ⇒ rounded(둥근 모서리)
- Text(텍스트) ⇒ '녹음하기'

④ **[Button(버튼)]**을 추가한 후 [작성 조건]에 따라 설정하시오.

| 작성조건 | Components Name(컴포넌트 이름) : 'Stop'
- FontBold(글꼴 진하게) ⇒ True
- FontSize(글꼴 크기) ⇒ 16
- Shape(모양) ⇒ rounded(둥근 모서리)
- Text(텍스트) ⇒ '재생하기'

⑤ **[Sound(소리)]**와 **[SoundRecorder(녹음기)]**를 각각 추가하시오.

코딩 구현하기

코딩은 [작성 조건]을 준수하여 최소한의 명령 블록으로 프로젝트가 오류 없이 실행되도록 구성합니다.

01 'Record'를 클릭했을 때
- 'SoundRecorder'를 이용해 녹음을 시작한다.

02 'Stop'를 클릭했을 때
- 'SoundRecorder'의 녹음을 멈춘다.

03 녹음을 멈춘 후
- 녹음된 소리를 재생한다.

바코드 스캐너

바코드를 스캔한 다음 스캔한 값을 표시해주는 프로젝트 만들기

결과 화면   • 완성 파일 : exam06.aia

▶ Components(컴포넌트)

- ▶ Screen(스크린)
- ▶ Label(레이블)
- ▶ AccelerometerSensor(가속도 센서)
- ▶ Image(이미지)
- ▶ Button(버튼)
- ▶ BarcodeScanner(바코드 스캐너)

▶ Media(미디어)

- ▶ CTCE.png
- ▶ Barcode.png

앱 디자인하기

앱 디자인은 [작성 조건]을 준수하여 설정하되 제시되지 않은 항목은 변경하지 않도록 합니다.

① **[작성 조건]에 따라 [Screen(스크린)]을 설정하시오.**

| 작성조건 | Components Name(컴포넌트 이름) : 'Screen1'
- AlignHorizontal(수평 정렬) ⇒ Center(중앙) : 3
- AlignVertical(수직 정렬) ⇒ Center(가운데) : 2
- Icon(아이콘) ⇒ 'CTCE.png' 이미지 업로드
- Title(제목) ⇒ '바코드 스캐너'

② **[Image(이미지)]를 추가한 후 [작성 조건]에 따라 설정하시오.**

| 작성조건 | Components Name(컴포넌트 이름) : 'Picture'
- Heigh(높이) ⇒ 250 pixels
- Width(너비) ⇒ Fill parent(부모에 맞추기)
- Picture(사진) ⇒ 'Barcode.png' 이미지 업로드

③ **[Label(레이블)]을 추가한 후 [작성 조건]에 따라 설정하시오.**

| 작성조건 | Components Name(컴포넌트 이름) : 'BarCode'
- FontBold(글꼴 진하게) ⇒ True
- FontSize(글꼴 크기) ⇒ 16
- Text(텍스트) ⇒ 'Barcode'

④ **[Button(버튼)]을 추가한 후 [작성 조건]에 따라 설정하시오.**

| 작성조건 | Components Name(컴포넌트 이름) : 'Scan'
- FontBold(글꼴 진하게) ⇒ True
- FontSize(글꼴 크기) ⇒ 16
- Shape(모양) ⇒ rounded(둥근 모서리)
- Text(텍스트) ⇒ '스캔하기'

⑤ **[BarcodeScanner(바코드 스캐너)] 센서와 [AccelerometerSensor(가속도 센서)]를 추가하시오.**

코딩 구현하기

코딩은 [작성 조건]을 준수하여 최소한의 명령 블록으로 프로젝트가 오류 없이 실행되도록 구성합니다.

01 'Scan'을 클릭했을 때
- 바코드를 스캔한다.

02 바코드를 스캔했을 때
- 'BarCode'에 결과를 표시한다.

03 'AccelerometerSensor'를 흔들었을 때
- 'BarCode'에 표시된 텍스트를 지운다.

예제 07

보이스 메모장

음성을 인식하여 텍스트로 변환한 후 화면에 보여주는 프로젝트

결과 화면 • 완성 파일 : exam07.aia

▶ Components(컴포넌트)

- ▶ Screen(스크린)
- ▶ TextBox(텍스트 상자)
- ▶ SpeechRecognizer(음성 인식)
- ▶ Button(버튼)
- ▶ AccelerometerSensor(가속도 센서)

▶ Media(미디어)

- ▶ CTCE.png

앱 디자인하기

앱 디자인은 [작성 조건]을 준수하여 설정하되 제시되지 않은 항독은 변경하지 않도록 합니다.

① [작성 조건]에 따라 [Screen(스크린)]을 설정하시오.

| 작성조건 | Components Name(컴포넌트 이름) : 'Screen1'
- AlignHorizontal(수평 정렬) ⇒ Center(중앙) 3
- Icon(아이콘) ⇒ 'CTCE.png' 이미지 업로드
- Title(제목) ⇒ '보이스 메모장'

② [Button(버튼)]을 추가한 후 [작성 조건]에 따라 설정하시오.

| 작성조건 | Components Name(컴포넌트 이름) : 'TalkToMe'
- FontBold(글꼴 진하게) ⇒ True
- FontSize(글꼴 크기) ⇒ 16
- Shape(모양) ⇒ rounded(둥근 모서리)
- Text(텍스트) ⇒ '음성 인식'

③ **[TextBox(텍스트 상자)]를 추가한 후 [작성 조건]에 따라 설정하시오.**

| 작성조건 | Components Name(컴포넌트 이름) : 'Memo'
- FontBold(글꼴 진하게) ⇒ True
- FontSize(글꼴 크기) ⇒ 16
- Heigh(높이) ⇒ Fill parent(부모에 맞추기)
- Width(너비) ⇒ Fill parent(부모에 맞추기)
- MultiLine(여러 줄) ⇒ True

④ **[SpeechRecognizer(음성 인식)]와 [AccelerometerSensor(가속도 센서)]를 추가하시오.**

코딩 구현하기

코딩은 [작성 조건]을 준수하여 최소한의 명령 블록으로 프로젝트가 오류 없이 실행되도록 구성합니다.

01 'TalkToMe'를 클릭했을 때
- 'SpeechRecognizer(음성 인식)'로 음성을 인식해 텍스트로 변환한다.

02 'SpeechRecognizer(음성 인식)'에서 음성을 텍스트로 변환했을 때
- 'Memo'의 텍스트와 result(결과)를 연결하여 'Memo'에 표시한다.

03 'AccelerometerSensor'를 흔들었을 때
- 'Memo'에 표시된 텍스트를 지운다.

예제 08

이동 거리 측정기

버튼을 클릭하면 측정을 시작하며, 다시 버튼을 클릭하면 이동한 거리를 알려주는 프로젝트 만들기

결과 화면
• 완성 파일 : exam08.aia

▶ Components(컴포넌트)

- ▶ Screen(스크린)
- ▶ Label(레이블)
- ▶ Button(버튼)
- ▶ Image(이미지)
- ▶ Button(버튼)
- ▶ Pedometer

▶ Media(미디어)

- ▶ CTCE.png
- ▶ Walk.jpg

앱 디자인하기

앱 디자인은 [작성 조건]을 준수하여 설정하되 제시되지 않은 항목은 변경하지 않도록 합니다.

① [작성 조건]에 따라 [Screen(스크린)]을 설정하시오.

| 작성조건 | Components Name(컴포넌트 이름) : 'Screen1'
- AlignHorizontal(수평 정렬) ⇒ Center(중앙) : 3
- AlignVertical(수직 정렬) ⇒ Center(가운데) : 2
- Icon(아이콘) ⇒ 'CTCE.png' 이미지 업로드
- Title(제목) ⇒ '이동거리 측정기'

② [Image(이미지)]를 추가한 후 [작성 조건]에 따라 설정하시오.

| 작성조건 | Components Name(컴포넌트 이름) : 'Picture'
- Heigh(높이) ⇒ Fill parent(부모에 맞추기)
- Width(너비) ⇒ 400 pixels
- Picture(사진) ⇒ 'Walk.jpg' 이미지 업로드

③ [Label(레이블)]을 추가한 후 [작성 조건]에 따라 설정하시오.

| 작성조건 | Components Name(컴포넌트 이름) : 'Distance'
- FontSize(글꼴 크기) ⇒ 25
- Text(텍스트) ⇒ '이동거리'

④ [Button(버튼)]을 추가한 후 [작성 조건]에 따라 설정하시오.

| 작성조건 | Components Name(컴포넌트 이름) : 'Start'
- FontBold(글꼴 진하게) ⇒ True
- FontSize(글꼴 크기) ⇒ 16
- Text(텍스트) ⇒ '이동시작'

⑤ [Button(버튼)]을 추가한 후 [작성 조건]에 따라 설정하시오.

| 작성조건 | Components Name(컴포넌트 이름) : 'Stop'
- FontBold(글꼴 진하게) ⇒ True
- FontSize(글꼴 크기) ⇒ 16
- Text(텍스트) ⇒ '이동종료'

⑥ [Pedometer] 컴포넌트를 추가하시오.

코딩 구현하기

코딩은 [작성 조건]을 준수하여 최소한의 명령 블록으로 프로젝트가 오류 없이 실행되도록 구성합니다.

01 'Start'를 클릭했을 때
- 'Pedometer'로 이동거리 측정을 시작한다.

02 'Stop'을 클릭했을 때
- 'Pedometer'로 이동거리 측정을 일시 멈춘다.

03 'Stop'을 길게 클릭했을 때
- 'Pedometer'를 리셋하고 'Distance'에 '거리를 다시 측정합니다.'를 표시한다.

04 'Pedometer'로 이동거리 측정하는 동안
- 'Distance'에 '이동 거리 : '와 'Pedometer'를 결합한 값을 표시한다.

예제 09 듀얼 웹브라우저

한 화면에 각기 다른 두 개의 검색 사이트를 표시하고 버튼을 클릭하면 원하는 검색 사이트만 크게 보이도록 만드는 프로젝트

결과 화면
• 완성 파일 : exam09.aia

▶ Components(컴포넌트)

- ▶ Screen(스크린)
- ▶ Buttom(버튼)
- ▶ WebViewer(웹 뷰어)
- ▶ WebViewer(웹 뷰어)
- ▶ Buttom(버튼)
- ▶ AccelerometerSensor(가속도 센서)

▶ Media(미디어)

- ▶ CTCE.png

앱 디자인하기

앱 디자인은 [작성 조건]을 준수하여 설정하되 제시되지 않은 항목은 변경하지 않도록 합니다.

① [작성 조건]에 따라 [Screen(스크린)]을 설정하시오.

| 작성조건 |
- Components Name(컴포넌트 이름) : 'Screen1'
  - AlignHorizontal(수평 정렬) ⇒ Center(중앙) : 3
  - AlignVertical(수직 정렬) ⇒ Center(가운데) : 2
  - Icon(아이콘) ⇒ 'CTCE.png' 이미지 업로드
  - Title(제목) ⇒ '듀얼 웹브라우저'

② [Webviewer(웹 뷰어)]를 추가한 후 [작성 조건]에 따라 설정하시오.

| 작성조건 |
- Components Name(컴포넌트 이름) : 'UpView'
  - Heigh(높이) ⇒ 165 pixels
  - Width(너비) ⇒ Fill parents(부모에 맞추기)
  - HomeUrl(홈 URL) ⇒ 'https://www.google.com'

③ [Button(버튼)]을 추가한 후 [작성 조건]에 따라 설정하시오.

| 작성조건 |
- Components Name(컴포넌트 이름) : 'Up'
  - FontBold(글꼴 진하게) ⇒ True
  - FontSize(글꼴 크기) ⇒ 16
  - Text(텍스트) ⇒ '위를 크게 보기'

④ [Button(버튼)]을 추가한 후 [작성 조건]에 따라 설정하시오.

| 작성조건 |
- Components Name(컴포넌트 이름) : 'Down'
  - FontBold(글꼴 진하게) ⇒ True
  - FontSize(글꼴 크기) ⇒ 16
  - Text(텍스트) ⇒ '아래를 크게 보기'

⑤ **[Webviewer(웹 뷰어)]**를 추가한 후 **[작성 조건]**에 따라 설정하시오.

| 작성조건 | Components Name(컴포넌트 이름) : 'DownView'
- Heigh(높이) ⇒ 165 pixels
- Width(너비) ⇒ Fill parents(부모에 맞추기)
- HomeUrl(홈 URL) ⇒ 'http://www.naver.com'

⑥ **[AccelerometerSensor(가속도 센서)]**를 추가하시오.

코딩 구현하기

코딩은 [작성 조건]을 준수하여 최소한의 명령 블록으로 프로젝트가 오류 없이 실행되도록 구성합니다.

01 'UP'를 클릭했을 때
- 'UpView'의 Hight(높이)를 330으로 바꾸고 'DownView'의 Hight(높이)를 0으로 바꾼다.

02 'Down'을 클릭했을 때
- 'UpView'의 Hight(높이)를 0으로 바꾸고 'DownView'의 Hight(높이)를 330으로 바꾼다.

03 'AccelerometerSensor(가속도 센서)'를 흔들었을 때
- 'UpView'의 Hight(높이)와 'DownView'의 Hight(높이)를 각각 165로 바꾼다.

공으로 그리는 그림판

가속도 센서를 이용하여 공을 움직여 그림을 그리는 프로젝트

결과 화면　• 완성 파일 : exam10.aia

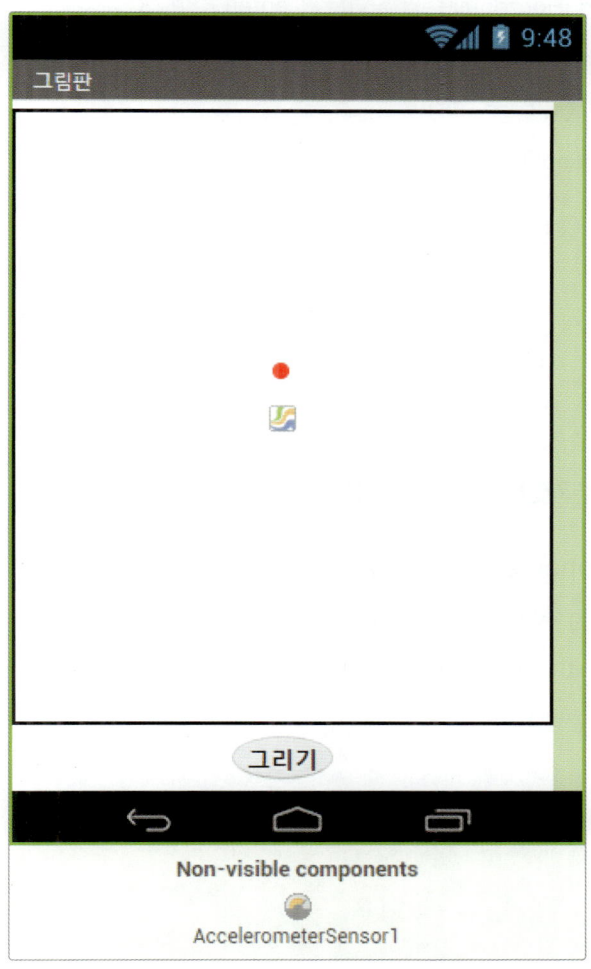

▶ Components(컴포넌트)

- ▶ Screen(스크린)
- ▶ Ball(공)
- ▶ AccelerometerSensor(가속도 센서)
- ▶ Canvas(캔버스)
- ▶ Button(버튼)

▶ Media(미디어)

- ▶ CTCE.png

앱 디자인하기

앱 디자인은 [작성 조건]을 준수하여 설정하되 제시되지 않은 항목은 변경하지 않도록 합니다.

① [작성 조건]에 따라 [Screen(스크린)]을 설정하시오.

| 작성조건 | Components Name(컴포넌트 이름) : 'Screen1'
- AlignHorizontal(수평 정렬) ⇒ Center(중앙) : 3
- Icon(아이콘) ⇒ 'CTCE.png' 이미지 업로드
- Title(제목) ⇒ '그림판'
- ScreenOrientation(스크린 방향) ⇒ Portrait(세로)

② [Canvas(캔버스)]를 추가한 후 [작성 조건]에 따라 설정하시오.

| 작성조건 | Components Name(컴포넌트 이름) : 'Canvas1'
- Heigh(높이) ⇒ Fill parents(부모에 맞추기)
- Width(너비) ⇒ Fill parents(부모에 맞추기)

③ [Ball(공)]을 추가한 후 [작성 조건]에 따라 설정하시오.

| 작성조건 | Components Name(컴포넌트 이름) : 'Brush'
- PaintColor(페인트 색상) ⇒ RED
- X ⇒ 150
- Y ⇒ 150

④ **[Button(버튼)]**을 추가한 후 [작성 조건]에 따라 설정하시오.

| 작성조건 | Components Name(컴포넌트 이름) : 'Drawing'
- FontBold(글꼴 진하게) ⇒ True
- FontSize(글꼴 크기) ⇒ 16
- Shape(모양) ⇒ Oval(타원)
- Text(텍스트) ⇒ '그리기'

⑤ **[AccelerometerSensor(가속도 센서)]**를 추가하시오.

코딩 구현하기

코딩은 [작성 조건]을 준수하여 최소한의 명령 블록으로 프로젝트가 오류 없이 실행되도록 구성합니다.

01 'AccelerometerSensor(가속도 센서)'를 흔들었을 때
- 'Canvas1'을 모두 지운다.

02 'Drawing'를 터치 다운 했을 때
- 'Canval1'의 PaintColor(페인트 색상) 값을 '0'으로 정한다.

03 'Drawing'를 터치 업 했을 때
- 'Canval1'의 PaintColor(페인트 색상) 값을 '12'로 정한다.

04 'AccelerometerSensor(가속도 센서)'의 가속도가 바뀌었을 때
- x1을 'Brush'의 x, y1을 'Brush'의 y, x2를 'Brush'의 x에서 x 가속도를 뺀 값으로, y2를 'Brush'의 y에서 y 가속도를 더한 값으로 정해 'Canvas1'에 선을 그린다.
- 'Brush'의 x 값을 'Brush'의 x에서 x 가속도를 뺀 값으로 지정한다.
- 'Brush'의 y 값을 'Brush'의 y에서 y 가속도를 더한 값으로 지정한다.

MEMO

ADT 앱창의개발능력

PART 04

실전모의고사

제 01 회 실전모의고사
제 02 회 실전모의고사
제 03 회 실전모의고사
제 04 회 실전모의고사
제 05 회 실전모의고사
제 06 회 실전모의고사
제 07 회 실전모의고사
제 08 회 실전모의고사
제 09 회 실전모의고사
제 10 회 실전모의고사

제 11 회 실전모의고사
제 12 회 실전모의고사
제 13 회 실전모의고사
제 14 회 실전모의고사
제 15 회 실전모의고사
제 16 회 실전모의고사
제 17 회 실전모의고사
제 18 회 실전모의고사
제 19 회 실전모의고사
제 20 회 실전모의고사

실전모의고사

앱창의개발능력(App creative Development Test)

시험일	프로그램명	시험시간	수험번호	성명
20XX. XX. XX	앱인벤터(App Inventor)	40분		

3급 A형

수험자 유의사항

1. 수험자는 신분증 또는 동등한 자격을 갖춘 증빙서류를 지참하여야 시험에 응시할 수 있으며, 미지참 시 퇴실 조치합니다.

2. 시험 전 시스템(PC작동여부, 네트워크 상태 등)의 이상여부를 반드시 확인하여야 하며, 시스템 이상이 있을 시에는 감독관에게 조치를 받으셔야 합니다.

3. 시험 중 부주의 또는 고의로 시스템을 파손한 경우는 수험자 부담으로 합니다.

4. 답안 파일은 답안 전송 프로그램을 통하여 다운로드 한 파일을 이용하여 작성하셔야 합니다.

5. 작성한 답안 파일은 답안 전송 프로그램을 통하여 자동으로 전송되므로, 감독관의 지시에 따라 주시기 바랍니다.

6. 시험 중 앱인벤터(App Inventor) 이외에 시험과 관련 없는 다른 프로그램을 작동 시 부정행위로 간주하여 실격 처리됨을 유의하시기 바랍니다.

7. 다음 사항의 경우 실격(0점) 혹은 부정행위 처리됩니다.
   - 답안을 저장하지 않았거나, 저장한 파일이 손상되었을 경우
   - 답안 파일을 다른 보조 기억장치(USB) 또는 이메일(E-mail) 등으로 전송할 경우
   - 휴대용 전화기 등 통신장비를 사용할 경우
   - 시스템 조작의 미숙으로 시험이 불가능할 경우

8. 시험의 완료는 작성이 완료된 답안을 저장하고, 답안 전송이 완료된 상태를 확인한 것으로 합니다. 답안 전송 확인 후 문제지는 감독관에게 제출한 후 퇴실하여야 합니다.

9. 주어진 시험시간 이후에는 수정 또는 정정이 불가능합니다.

10. 〈수험자 유의사항〉에 기재된 방법대로 이행하지 않아 생기는 불이익은 수험자 본인에게 책임이 있음을 알려 드립니다.

| 앱창의개발능력 | **3급** | 앱인벤터[App Inventor] | 시험시간 **40분** | 1/3 |

답안 작성요령

- 불필요한 미디어 및 명령 블록을 추가한 경우, [작성 조건]을 임의로 변경 또는 추가한 경우, 프로젝트가 제대로 실행되지 않는 경우에는 <u>감점 또는 실격 처리</u>됩니다.
- 별도의 조건이 없는 경우에는 기본 값(Default)으로 처리해야 합니다.
- 파일 삽입 시에는 반드시 주어진 폴더 내에서 다운로드 한 파일을 사용해야 합니다.

※ 다음 사항을 확인하고 주어진 조건에 따라 [문제 1-5]를 완성하시오.

▶ **Camcoder** : 버튼을 클릭하면 캠코더가 실행되어 녹화를 한 후 비디오 플레이어로 재생하는 프로젝트 만들기

[**Components** (컴포넌트)]	[결과 화면]
• Screen(스크린) • VideoPlayer(비디오플레이어) • Button(버튼) • Camcoder(캠코더) • AccelerometerSensor(가속도 센서)	
[**Media** (미디어)]	
• CTCE.png • Rec.png	

※ 다음 규칙에 따라 프로젝트를 생성하고 저장하시오. [저장 경로 : 바탕화면 – CTCE 폴더]

프로젝트 생성	'수검번호'	프로젝트 저장	'수검번호.aia'

– 예 수검번호가 ADT-0000-000000인 경우 'ADT_0000_000000'으로 지정할 것

| 앱창의개발능력 | **3급** | 앱인벤터[App Inventor] | 시험시간 40분 |

제1작업 ▶ 앱 디자인 능력 평가 — 40점

문제 1 [Designer(디자이너)/기본 능력] — 15점

[작성 조건]에 따라 [Screen(스크린)]을 설정하시오.

[작성 조건]

▶ **Components Name(컴포넌트 이름) : 'Screen1'**
- AlignHorizontal(수평 정렬) ⇒ Center(중앙) : 3
- Icon(아이콘) ⇒ 'CTCE.png' 이미지 업로드
- Title(제목) ⇒ 'Camcoder'
- ScreenOrientation(스크린 방향) ⇒ Sensor(센서)

문제 2 [Designer(디자이너)/심화 능력] — 25점

[VideoPlayer(비디오 플레이어)]를 추가한 후 [작성 조건]에 따라 설정하시오.

[작성 조건]

▶ **Components Name(컴포넌트 이름) : 'Picture'**
- Height(높이) ⇒ 350 pixels
- Width(너비) ⇒ Fill parent(부모에 맞추기)
- Volume(볼륨) ⇒ 60

[Button(버튼)]을 추가한 후 [작성 조건]에 따라 설정하시오.

[작성 조건]

▶ **Components Name(컴포넌트 이름) : 'Record'**
- Height(높이) ⇒ 40 pixels
- Width(너비) ⇒ 60 pixels
- Image(이미지) ⇒ 'Rec.png'(이미지 업로드)

[AccelerometerSensor(가속도 센서)]를 추가한 후 [작성 조건]에 따라 설정하시오.

[작성 조건]

▶ **Components Name(컴포넌트 이름) : 'Sensor'**
- MinimumInterval(최소 간격) ⇒ 200 (ms)

[Camcoder]를 추가하시오.

제2작업 앱 코딩 능력 평가   60점

문제 3 [Blocks(블록)/기본 능력]   15점

[제1작업]을 참조하여 다음 [작성 조건]에 따라 코딩하시오.

[작성 조건]

▶ 'Record'를 클릭했을 때
- 캠코더로 비디오 녹화하기

문제 4 [Blocks(블록)/기본 능력]   20점

[제1작업]을 참조하여 다음 [작성 조건]에 따라 코딩하시오.

[작성 조건]

▶ 'Sensor'를 흔들었을 때
- 동영상을 재생하기

문제 5 [Blocks(블록)/심화 능력]   25점

[제1작업]을 참조하여 다음 [작성 조건]에 따라 코딩하시오.

[작성 조건]

▶ 'Camcoder'로 동영상을 찍은 후
- 촬영한 동영상을 비디오 플레이어의 소스로 정하기

실전모의고사
앱창의개발능력(App creative Development Test)

시험일	프로그램명	시험시간	수험번호	성명
20XX. XX. XX	앱인벤터(App Inventor)	40분		

3급 B형

수험자 유의사항

1. 수험자는 신분증 또는 동등한 자격을 갖춘 증빙서류를 지참하여야 시험에 응시할 수 있으며, 미지참 시 퇴실 조치합니다.
2. 시험 전 시스템(PC작동여부, 네트워크 상태 등)의 이상여부를 반드시 확인하여야 하며, 시스템 이상이 있을 시에는 감독관에게 조치를 받으셔야 합니다.
3. 시험 중 부주의 또는 고의로 시스템을 파손한 경우는 수험자 부담으로 합니다.
4. 답안 파일은 답안 전송 프로그램을 통하여 다운로드 한 파일을 이용하여 작성하셔야 합니다.
5. 작성한 답안 파일은 답안 전송 프로그램을 통하여 자동으로 전송되므로, 감독관의 지시에 따라 주시기 바랍니다.
6. 시험 중 앱인벤터(App Inventor) 이외에 시험과 관련 없는 다른 프로그램을 작동 시 부정행위로 간주하여 실격 처리됨을 유의하시기 바랍니다.
7. 다음 사항의 경우 실격(0점) 혹은 부정행위 처리됩니다.
    - 답안을 저장하지 않았거나, 저장한 파일이 손상되었을 경우
    - 답안 파일을 다른 보조 기억장치(USB) 또는 이메일(E-mail) 등으로 전송할 경우
    - 휴대용 전화기 등 통신장비를 사용할 경우
    - 시스템 조작의 미숙으로 시험이 불가능할 경우
8. 시험의 완료는 작성이 완료된 답안을 저장하고, 답안 전송이 완료된 상태를 확인한 것으로 합니다. 답안 전송 확인 후 문제지는 감독관에게 제출한 후 퇴실하여야 합니다.
9. 주어진 시험시간 이후에는 수정 또는 정정이 불가능합니다.
10. 〈수험자 유의사항〉에 기재된 방법대로 이행하지 않아 생기는 불이익은 수험자 본인에게 책임이 있음을 알려 드립니다.

앱창의개발능력 3급 앱인벤터[App Inventor] 시험시간 40분

답안 작성요령

- 불필요한 미디어 및 명령 블록을 추가한 경우, [작성 조건]을 임의로 변경 또는 추가한 경우, 프로젝트가 제대로 실행되지 않는 경우에는 <u>감점 또는 실격</u> 처리됩니다.
- 별도의 조건이 없는 경우에는 기본 값(Default)으로 처리해야 합니다.
- 파일 삽입 시에는 반드시 주어진 폴더 내에서 다운로드 한 파일을 사용해야 합니다.

※ 다음 사항을 확인하고 주어진 조건에 따라 [문제 1-5]를 완성하시오.

▶ **나만의 전화** : 전화번호를 입력한 후 전화걸기를 클릭하면 전화를 걸 수 있는 프로젝트 만들기

[Components (컴포넌트)]	[결과 화면]
• Screen(스크린) • Image(이미지) • TextBox(텍스트 상자) • Button(버튼) • PhoneCall(전화) • AccelerometerSensor(가속도 센서)	

[**Media** (미디어)]

- CTCE.png
- Phone.png

※ 다음 규칙에 따라 프로젝트를 생성하고 저장하시오. [저장 경로 : 바탕화면 – CTCE 폴더]

프로젝트 생성	'수검번호'	프로젝트 저장	'수검번호.aia'

– 📝 수검번호가 ADT-0000-000000인 경우 'ADT_0000_000000'으로 지정할 것

| 앱창의개발능력 |  3급 | 앱인벤터[App Inventor] | 시험시간 40분 |

제1작업 ▸ 앱 디자인 능력 평가 — 40점

문제 1 [Designer(디자이너)/기본 능력] — 15점

[작성 조건]에 따라 [Screen(스크린)]을 설정하시오.

[작성 조건]

▶ Components Name(컴포넌트 이름) : 'Screen1'
- AlignHorizontal(수평 정렬) ⇒ Center(중앙) : 3
- Icon(아이콘) ⇒ 'CTCE.png' 이미지 업로드
- Title(제목) ⇒ '나만의 전화걸기'
- ScreenOrientation(스크린 방향) ⇒ Sensor(센서)

문제 2 [Designer(디자이너)/심화 능력] — 25점

[Image(이미지)]를 추가한 후 [작성 조건]에 따라 설정하시오.

[작성 조건]

▶ Components Name(컴포넌트 이름) : 'Picture'
- Picture(배경 이미지) ⇒ 'Phone.png' 이미지 업로드
- Height(높이) ⇒ 340 pixels
- Width(너비) ⇒ Fill parent(부모에 맞추기)

[TextBox(텍스트 상자)]를 추가한 후 [작성 조건]에 따라 설정하시오.

[작성 조건]

▶ Components Name(컴포넌트 이름) : 'Number'
- Hint(힌트) ⇒ '전화번호 입력'
- TextAlignment(텍스트 정렬) ⇒ center(가운데) : 1

[Button(버튼)]을 추가한 후 [작성 조건]에 따라 설정하시오.

[작성 조건]

▶ Components Name(컴포넌트 이름) : 'Call'
- FontBold(글꼴 굵게) ⇒ True
- FontSize(글꼴 크기) ⇒ 12
- Shape(모양) ⇒ rounded(둥근 모서리)
- Text(텍스트) ⇒ '전화걸기'
- TextAlignment(텍스트 정렬) ⇒ center(가운데) : 1

[PhoneCall(전화)], [AccelerometerSensor(가속도 센서)]를 각각 추가하시오.

| 앱창의개발능력 | 3급 | 앱인벤터[App Inventor] | 시험시간 40분 |

제2작업 ▶ 앱 코딩 능력 평가 — 60점

문제 3 [Blocks(블록)/기본 능력] — 15점

[제1작업]을 참조하여 다음 [작성 조건]에 따라 코딩하시오.

[작성 조건]

▶ 'Call'을 클릭했을 때
- 'Number'에 입력한 전화번호로 전화 걸기

문제 4 [Blocks(블록)/기본 능력] — 20점

[제1작업]을 참조하여 다음 [작성 조건]에 따라 코딩하시오.

[작성 조건]

▶ 전화를 종료했을 때
- 'Number'에 입력한 전화번호 지우기

문제 5 [Blocks(블록)/심화 능력] — 25점

[제1작업]을 참조하여 다음 [작성 조건]에 따라 코딩하시오.

[작성 조건]

▶ 'AccelerometerSensor1'을 흔들었을 때
- 'Number'에 입력한 전화번호 지우기

제 03회 실전모의고사

앱창의개발능력(App creative Development Test)

시험일	프로그램명	시험시간	수험번호	성명
20XX. XX. XX	앱인벤터(App Inventor)	40분		

3급 C형

수험자 유의사항

1. 수험자는 신분증 또는 동등한 자격을 갖춘 증빙서류를 지참하여야 시험에 응시할 수 있으며, 미지참 시 퇴실 조치합니다.
2. 시험 전 시스템(PC작동여부, 네트워크 상태 등)의 이상여부를 반드시 확인하여야 하며, 시스템 이상이 있을 시에는 감독관에게 조치를 받으셔야 합니다.
3. 시험 중 부주의 또는 고의로 시스템을 파손한 경우는 수험자 부담으로 합니다.
4. 답안 파일은 답안 전송 프로그램을 통하여 다운로드 한 파일을 이용하여 작성하셔야 합니다.
5. 작성한 답안 파일은 답안 전송 프로그램을 통하여 자동으로 전송되므로, 감독관의 지시에 따라 주시기 바랍니다.
6. 시험 중 앱인벤터(App Inventor) 이외에 시험과 관련 없는 다른 프로그램을 작동 시 부정행위로 간주하여 실격 처리됨을 유의하시기 바랍니다.
7. 다음 사항의 경우 실격(0점) 혹은 부정행위 처리됩니다.
    - 답안을 저장하지 않았거나, 저장한 파일이 손상되었을 경우
    - 답안 파일을 다른 보조 기억장치(USB) 또는 이메일(E-mail) 등으로 전송할 경우
    - 휴대용 전화기 등 통신장비를 사용할 경우
    - 시스템 조작의 미숙으로 시험이 불가능할 경우
8. 시험의 완료는 작성이 완료된 답안을 저장하고, 답안 전송이 완료된 상태를 확인한 것으로 합니다. 답안 전송 확인 후 문제지는 감독관에게 제출한 후 퇴실하여야 합니다.
9. 주어진 시험시간 이후에는 수정 또는 정정이 불가능합니다.
10. 〈수험자 유의사항〉에 기재된 방법대로 이행하지 않아 생기는 불이익은 수험자 본인에게 책임이 있음을 알려 드립니다.

앱창의개발능력 3급 앱인벤터[App Inventor] 시험시간 40분

답안 작성요령

- 불필요한 미디어 및 명령 블록을 추가한 경우, [작성 조건]을 임의로 변경 또는 추가한 경우, 프로젝트가 제대로 실행되지 않는 경우에는 **감점 또는 실격** 처리됩니다.
- 별도의 조건이 없는 경우에는 기본 값(Default)으로 처리해야 합니다.
- 파일 삽입 시에는 반드시 주어진 폴더 내에서 다운로드 한 파일을 사용해야 합니다.

※ 다음 사항을 확인하고 주어진 조건에 따라 [문제 1-5]를 완성하시오.

▶ **만보기** : 버튼을 클릭하면 현재 얼마나 걸었는지 표시하는 프로젝트 만들기

[Components (컴포넌트)]

- Screen(스크린)
- Label(레이블)
- Button(버튼)
- Button(버튼)
- Pedometer
- AccelerometerSensor(가속도 센서)

[Media (미디어)]

- CTCE.png
- Walk.jpg

[결과 화면]

※ 다음 규칙에 따라 프로젝트를 생성하고 저장하시오. [저장 경로 : 바탕화면 - CTCE 폴더]

프로젝트 생성	'수검번호'	프로젝트 저장	'수검번호.aia'

— 예 수검번호가 ADT-0000-000000인 경우 'ADT_0000_000000'으로 지정할 것

| 앱창의개발능력 | 3급 | 앱인벤터[App Inventor] | 시험시간 40분 |

제1작업 앱 디자인 능력 평가 40점

문제 1 [Designer(디자이너)/기본 능력] 15점

[작성 조건]에 따라 [Screen(스크린)]을 설정하시오.

[작성 조건]

▶ **Components Name(컴포넌트 이름)** : 'Screen1'
- AlignHorizontal(수평 정렬) ⇒ Center(중앙) : 3
- AlignVertical(수직 정렬) ⇒ Bottom(아래) : 3
- Icon(아이콘) ⇒ 'CTCE.png' 이미지 업로드
- Title(제목) ⇒ '만보기'
- BackgroundImage(배경 이미지) ⇒ 'Walk.jpg' 이미지 업로드

문제 2 [Designer(디자이너)/심화 능력] 25점

[Label(레이블)]을 추가한 후 [작성 조건]에 따라 설정하시오.

[작성 조건]

▶ **Components Name(컴포넌트 이름)** : 'Walkstep'
- FontSize(글꼴 크기) ⇒ 14
- TextAlignment(텍스트 정렬) ⇒ center(가운데) : 1
- Text(텍스트) ⇒ '걸음수'

[Button(버튼)]을 추가한 후 [작성 조건]에 따라 설정하시오.

[작성 조건]

▶ **Components Name(컴포넌트 이름)** : 'Start'
- FontBold(글꼴 굵게) ⇒ True
- FontSize(글꼴 크기) ⇒ 16
- Shape(모양) ⇒ oval(타원)
- Text(텍스트) ⇒ '시작'
- TextAlignment(텍스트 정렬) ⇒ center(가운데) : 1

[Button(버튼)]을 추가한 후 [작성 조건]에 따라 설정하시오.

[작성 조건]

▶ **Components Name(컴포넌트 이름)** : 'Stop'
- FontBold(글꼴 굵게) ⇒ True
- FontSize(글꼴 크기) ⇒ 16
- Shape(모양) ⇒ oval(타원)
- Text(텍스트) ⇒ '중지'
- TextAlignment ⇒ center(가운데) : 1

[Pedometer], [AccelerometerSensor(가속도 센서)]를 각각 추가하시오.

제2작업 앱 코딩 능력 평가 — 60점

문제 3 [Blocks(블록)/기본 능력] — 15점

[제1작업]을 참조하여 다음 [작성 조건]에 따라 코딩하시오.

[작성 조건]

▶ 'Start'를 클릭했을 때
- 'Pedometer'를 초기화하고, 'Pedometer'를 시작하기

문제 4 [Blocks(블록)/기본 능력] — 20점

[제1작업]을 참조하여 다음 [작성 조건]에 따라 코딩하시오.

[작성 조건]

▶ 'Stop'을 클릭했을 때
- 'Pedometer'를 정지하기

문제 5 [Blocks(블록)/심화 능력] — 25점

[제1작업]을 참조하여 다음 [작성 조건]에 따라 코딩하시오.

[작성 조건]

▶ 'Pedometer' 걸음 수가 바뀔 때
- 'Walkstep'의 텍스트를 걸음 수로 바꾸기

제 04회 실전모의고사

앱창의개발능력(App creative Development Test)

시험일	프로그램명	시험시간	수험번호	성명
20XX. XX. XX	앱인벤터(App Inventor)	40분		

3급 D형

수험자 유의사항

1. 수험자는 신분증 또는 동등한 자격을 갖춘 증빙서류를 지참하여야 시험에 응시할 수 있으며, 미지참 시 퇴실 조치합니다.
2. 시험 전 시스템(PC작동여부, 네트워크 상태 등)의 이상여부를 반드시 확인하여야 하며, 시스템 이상이 있을 시에는 감독관에게 조치를 받으셔야 합니다.
3. 시험 중 부주의 또는 고의로 시스템을 파손한 경우는 수험자 부담으로 합니다.
4. 답안 파일은 답안 전송 프로그램을 통하여 다운로드 한 파일을 이용하여 작성하셔야 합니다.
5. 작성한 답안 파일은 답안 전송 프로그램을 통하여 자동으로 전송되므로, 감독관의 지시에 따라 주시기 바랍니다.
6. 시험 중 앱인벤터(App Inventor) 이외에 시험과 관련 없는 다른 프로그램을 작동 시 부정행위로 간주하여 실격 처리됨을 유의하시기 바랍니다.
7. 다음 사항의 경우 실격(0점) 혹은 부정행위 처리됩니다.
   - 답안을 저장하지 않았거나, 저장한 파일이 손상되었을 경우
   - 답안 파일을 다른 보조 기억장치(USB) 또는 이메일(E-mail) 등으로 전송할 경우
   - 휴대용 전화기 등 통신장비를 사용할 경우
   - 시스템 조작의 미숙으로 시험이 불가능할 경우
8. 시험의 완료는 작성이 완료된 답안을 저장하고, 답안 전송이 완료된 상태를 확인한 것으로 합니다. 답안 전송 확인 후 문제지는 감독관에게 제출한 후 퇴실하여야 합니다.
9. 주어진 시험시간 이후에는 수정 또는 정정이 불가능합니다.
10. 〈수험자 유의사항〉에 기재된 방법대로 이행하지 않아 생기는 불이익은 수험자 본인에게 책임이 있음을 알려 드립니다.

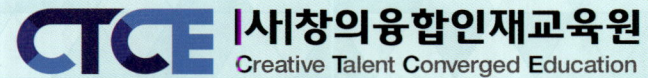

앱창의개발능력 3급 앱인벤터[App Inventor] 시험시간 40분

답안 작성요령

- 불필요한 미디어 및 명령 블록을 추가한 경우, [작성 조건]을 임의로 변경 또는 추가한 경우, 프로젝트가 제대로 실행되지 않는 경우에는 **감점 또는 실격 처리**됩니다.
- 별도의 조건이 없는 경우에는 기본 값(Default)으로 처리해야 합니다.
- 파일 삽입 시에는 반드시 주어진 폴더 내에서 다운로드 한 파일을 사용해야 합니다.

※ 다음 사항을 확인하고 주어진 조건에 따라 [문제 1-5]를 완성하시오.

▶ **웹 브라우저** : 바코드나 QR 코드를 스캔하여 웹페이지를 보여주는 프로젝트 만들기

[Components (컴포넌트)]

- Screen(스크린)
- WebViewer(웹 뷰어)
- Label(레이블)
- Button(버튼)
- AccelerometerSensor(가속도 센서)
- BarcodeScanner(바코드 스캐너)

[Media (미디어)]

- CTCE.png
- fruit.jpg

[결과 화면]

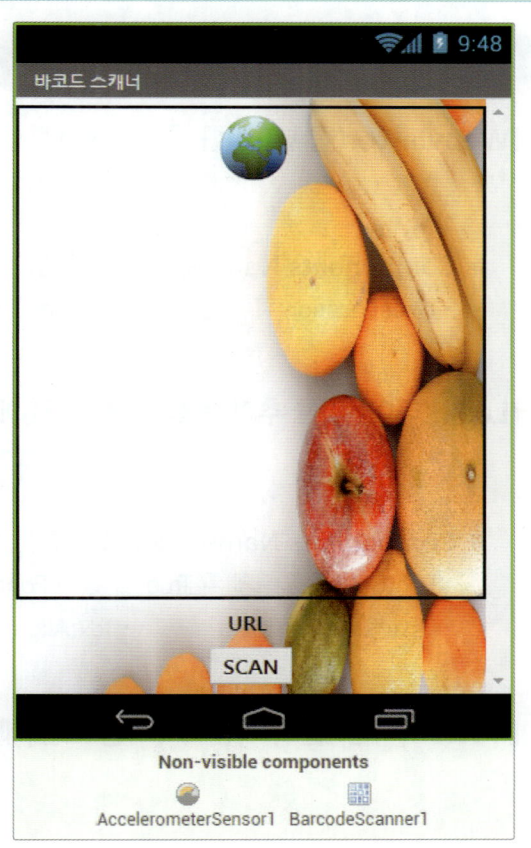

※ 다음 규칙에 따라 프로젝트를 생성하고 저장하시오. [저장 경로 : 바탕화면 – CTCE 폴더]

프로젝트 생성	'수검번호'	프로젝트 저장	'수검번호.aia'

– 예 수검번호가 ADT-0000-000000인 경우 'ADT_0000_000000'으로 지정할 것

제1작업 앱 디자인 능력 평가 — 40점

문제 1 [Designer(디자이너)/기본 능력] — 15점

[작성 조건]에 따라 [Screen(스크린)]을 설정하시오.

[작성 조건]

▶ **Components Name(컴포넌트 이름) : 'Screen1'**
- AlignHorizontal(수평 정렬) ⇒ Center(중앙) : 3
- Icon(아이콘) ⇒ 'CTCE.png' 이미지 업로드
- Title(제목) ⇒ '바코드 스캐너'
- ScreenOrientation(스크린 방향) ⇒ Portrait(세로)
- BackgroundImage(배경 이미지) ⇒ 'fruit.jpg'

문제 2 [Designer(디자이너)/심화 능력] — 25점

[Webviewer(웹 뷰어)]를 추가한 후 [작성 조건]에 따라 설정하시오.

[작성 조건]

▶ **Components Name(컴포넌트 이름) : 'Webview'**
- UsesLocation(위치 정보 사용) ⇒ True

[Label(레이블)]을 추가한 후 [작성 조건]에 따라 설정하시오.

[작성 조건]

▶ **Components Name(컴포넌트 이름) : 'URL'**
- FontBold(글꼴 굵게) ⇒ True
- FontSize(글꼴 크기) ⇒ 16
- Text(텍스트) ⇒ 'URL'
- TextAlignment(텍스트 정렬) ⇒ Center : 1

[Button(버튼)]을 추가한 후 [작성 조건]에 따라 설정하시오.

[작성 조건]

▶ **Components Name(컴포넌트 이름) : 'SCAN'**
- FontBold(글꼴 굵게) ⇒ True
- FontSize(글꼴 크기) ⇒ 16
- Text(텍스트) ⇒ 'SCAN'
- TextAlignment(텍스트 정렬) ⇒ Center : 1

[AccelerometerSensor(가속도 센서)], [BarcodeScanner(바코드 스캐너)]를 각각 추가하시오.

제2작업 앱 코딩 능력 평가 60점

문제 3 [Blocks(블록)/기본 능력] 15점

[제1작업]을 참조하여 다음 [작성 조건]에 따라 코딩하시오.

[작성 조건]

▶ 'SCAN'을 클릭했을 때
  - 바코드 스캐너로 바코드 스캔하기

문제 4 [Blocks(블록)/기본 능력] 20점

[제1작업]을 참조하여 다음 [작성 조건]에 따라 코딩하시오.

[작성 조건]

▶ 'BarcodeScanner'로 바코드를 스캔했을 때
  - 스캔 결과를 'URL'에 내보낸 다음 'Webview'의 'HomeUrl'로 정하기

문제 5 [Blocks(블록)/심화 능력] 25점

[제1작업]을 참조하여 다음 [작성 조건]에 따라 코딩하시오.

[작성 조건]

▶ 'AccelerometerSensor1'을 흔들었을 때
  - 'URL'에 나타난 텍스트와 'Webview'에 나타난 홈페이지 지우기

실전모의고사

앱창의개발능력(App creative Development Test)

시험일	프로그램명	시험시간	수험번호	성명
20XX. XX. XX	앱인벤터(App Inventor)	40분		

3급 E형

수험자 유의사항

1. 수험자는 신분증 또는 동등한 자격을 갖춘 증빙서류를 지참하여야 시험에 응시할 수 있으며, 미지참 시 퇴실 조치합니다.
2. 시험 전 시스템(PC작동여부, 네트워크 상태 등)의 이상여부를 반드시 확인하여야 하며, 시스템 이상이 있을 시에는 감독관에게 조치를 받으셔야 합니다.
3. 시험 중 부주의 또는 고의로 시스템을 파손한 경우는 수험자 부담으로 합니다.
4. 답안 파일은 답안 전송 프로그램을 통하여 다운로드 한 파일을 이용하여 작성하셔야 합니다.
5. 작성한 답안 파일은 답안 전송 프로그램을 통하여 자동으로 전송되므로, 감독관의 지시에 따라 주시기 바랍니다.
6. 시험 중 앱인벤터(App Inventor) 이외에 시험과 관련 없는 다른 프로그램을 작동 시 부정행위로 간주하여 실격 처리됨을 유의하시기 바랍니다.
7. 다음 사항의 경우 실격(0점) 혹은 부정행위 처리됩니다.
   - 답안을 저장하지 않았거나, 저장한 파일이 손상되었을 경우
   - 답안 파일을 다른 보조 기억장치(USB) 또는 이메일(E-mail) 등으로 전송할 경우
   - 휴대용 전화기 등 통신장비를 사용할 경우
   - 시스템 조작의 미숙으로 시험이 불가능할 경우
8. 시험의 완료는 작성이 완료된 답안을 저장하고, 답안 전송이 완료된 상태를 확인한 것으로 합니다. 답안 전송 확인 후 문제지는 감독관에게 제출한 후 퇴실하여야 합니다.
9. 주어진 시험시간 이후에는 수정 또는 정정이 불가능합니다.
10. 〈수험자 유의사항〉에 기재된 방법대로 이행하지 않아 생기는 불이익은 수험자 본인에게 책임이 있음을 알려 드립니다.

| 앱창의개발능력 | **3급** | 앱인벤터[App Inventor] | 시험시간 **40분** | 1/3 |

답안 작성요령

- 불필요한 미디어 및 명령 블록을 추가한 경우, [작성 조건]을 임의로 변경 또는 추가한 경우, 프로젝트가 제대로 실행되지 않는 경우에는 <u>감점 또는 실격 처리</u>됩니다.
- 별도의 조건이 없는 경우에는 기본 값(Default)으로 처리해야 합니다.
- 파일 삽입 시에는 반드시 주어진 폴더 내에서 다운로드 한 파일을 사용해야 합니다.

※ 다음 사항을 확인하고 주어진 조건에 따라 [문제 1-5]를 완성하시오.

▶ **비디오 레코더/플레이어** : 버튼을 클릭하면 캠코더가 실행되어 녹화한 후 재생하고 흔들면 재생을 잠시 멈추는 프로젝트 만들기

[Components (컴포넌트)]

- Screen(스크린)
- VideoPlayer(비디오플레이어)
- Button(버튼)
- Sound(사운드)
- Camcoder(캠코더)
- AccelerometerSensor(가속도 센서)

[Media (미디어)]

- CTCE.png
- Recoder.jpg
- Sound.wav

[결과 화면]

(비디오 레코더/플레이어 화면, Non-visible components: AccelerometerSensor1, Camcorder1, Sensor)

※ 다음 규칙에 따라 프로젝트를 생성하고 저장하시오. [저장 경로 : 바탕화면 – CTCE 폴더]

| 프로젝트 생성 | '수검번호' | 프로젝트 저장 | '수검번호.aia' |

― 예 수검번호가 ADT-0000-000000인 경우 'ADT_0000_000000'으로 지정할 것

제1작업 ▶ 앱 디자인 능력 평가　　　　　　　　　　　　　　　　40점

문제 1 [Designer(디자이너)/기본 능력]　　　　　　　　　　　　15점

[작성 조건]에 따라 [Screen(스크린)]을 설정하시오.

[작성 조건]

▶ **Components Name(컴포넌트 이름) : 'Screen1'**
- AlignHorizontal(수평 정렬) ⇒ Center(중앙) : 3
- Icon(아이콘) ⇒ 'CTCE.png' 이미지 업로드
- Title(제목) ⇒ '비디오 레코더/플레이어'
- BackgroundColor(배경색) ⇒ Light Gray(밝은 회색)

문제 2 [Designer(디자이너)/심화 능력]　　　　　　　　　　　　25점

[VideoPlayer(비디오 플레이어)]를 추가한 후 [작성 조건]에 따라 설정하시오.

[작성 조건]

▶ **Components Name(컴포넌트 이름) : 'Video_player'**
- Height(높이) ⇒ Fill parent(부모에 맞추기)
- Width(너비) ⇒ Fill parent(부모에 맞추기)
- Volume(볼륨) ⇒ 60

[Button(버튼)]을 추가한 후 [작성 조건]에 따라 설정하시오.

[작성 조건]

▶ **Components Name(컴포넌트 이름) : 'Record'**
- Height(높이) ⇒ 40 pixels
- Width(너비) ⇒ 40 pixels
- Image(이미지) ⇒ 'Recorder.jpg' 이미지 업로드

[Sound(소리)]를 추가한 후 [작성 조건]에 따라 설정하시오.

[작성 조건]

▶ **Components Name(컴포넌트 이름) : 'Sensor'**
- Source(소스) ⇒ 'Sound.wav' 파일 업로드

[Camcoder(캠코더)], [AccelerometerSensor(가속도 센서)]를 각각 추가하시오.

| 앱창의개발능력 | **3급** | 앱인벤터[App Inventor] | 시험시간 **40분** |

제2작업 앱 코딩 능력 평가   60점

문제 3 [Blocks(블록)/기본 능력]   15점

[제1작업]을 참조하여 다음 [작성 조건]에 따라 코딩하시오.

[작성 조건]

▶ 'Record'를 클릭했을 때
- 비디오 플레이어로 녹화 시작하기

문제 4 [Blocks(블록)/기본 능력]   20점

[제1작업]을 참조하여 다음 [작성 조건]에 따라 코딩하시오.

[작성 조건]

▶ '녹화'를 끝냈을 때
- 녹화된 클립을 비디오 플레이어의 소스로 정하고, 비디오 플레이어 시작하기

문제 5 [Blocks(블록)/심화 능력]   25점

[제1작업]을 참조하여 다음 [작성 조건]에 따라 코딩하시오.

[작성 조건]

▶ 'AccelerometerSensor1'을 흔들었을 때
- 소리('Sound.wav')를 내고, 비디오 플레이어를 잠깐 멈추기

제06회 실전모의고사

앱창의개발능력(App creative Development Test)

시험일	프로그램명	시험시간	수험번호	성명
20XX. XX. XX	앱인벤터(App Inventor)	40분		

3급 A형

수험자 유의사항

1. 수험자는 신분증 또는 동등한 자격을 갖춘 증빙서류를 지참하여야 시험에 응시할 수 있으며, 미지참 시 퇴실 조치합니다.
2. 시험 전 시스템(PC작동여부, 네트워크 상태 등)의 이상여부를 반드시 확인하여야 하며, 시스템 이상이 있을 시에는 감독관에게 조치를 받으셔야 합니다.
3. 시험 중 부주의 또는 고의로 시스템을 파손한 경우는 수험자 부담으로 합니다.
4. 답안 파일은 답안 전송 프로그램을 통하여 다운로드 한 파일을 이용하여 작성하셔야 합니다.
5. 작성한 답안 파일은 답안 전송 프로그램을 통하여 자동으로 전송되므로, 감독관의 지시에 따라 주시기 바랍니다.
6. 시험 중 앱인벤터(App Inventor) 이외에 시험과 관련 없는 다른 프로그램을 작동 시 부정행위로 간주하여 실격 처리됨을 유의하시기 바랍니다.
7. 다음 사항의 경우 실격(0점) 혹은 부정행위 처리됩니다.
   - 답안을 저장하지 않았거나, 저장한 파일이 손상되었을 경우
   - 답안 파일을 다른 보조 기억장치(USB) 또는 이메일(E-mail) 등으로 전송할 경우
   - 휴대용 전화기 등 통신장비를 사용할 경우
   - 시스템 조작의 미숙으로 시험이 불가능할 경우
8. 시험의 완료는 작성이 완료된 답안을 저장하고, 답안 전송이 완료된 상태를 확인한 것으로 합니다. 답안 전송 확인 후 문제지는 감독관에게 제출한 후 퇴실하여야 합니다.
9. 주어진 시험시간 이후에는 수정 또는 정정이 불가능합니다.
10. 〈수험자 유의사항〉에 기재된 방법대로 이행하지 않아 생기는 불이익은 수험자 본인에게 책임이 있음을 알려 드립니다.

| 앱창의개발능력 | 3급 | 앱인벤터[App Inventor] | 시험시간 40분 | 1/3 |

답안 작성요령

- 불필요한 미디어 및 명령 블록을 추가한 경우, [작성 조건]을 임의로 변경 또는 추가한 경우, 프로젝트가 제대로 실행되지 않는 경우에는 **감점 또는 실격** 처리됩니다.
- 별도의 조건이 없는 경우에는 기본 값(Default)으로 처리해야 합니다.
- 파일 삽입 시에는 반드시 주어진 폴더 내에서 다운로드 한 파일을 사용해야 합니다.

※ 다음 사항을 확인하고 주어진 조건에 따라 [문제 1-5]를 완성하시오.

▶ **음악 재생** : 버튼을 클릭하면 음악을 재생하고 슬라이더를 이용하여 볼륨을 조절하는 프로젝트 만들기

[Components (컴포넌트)]

- Screen(스크린)
- Image(이미지)
- Slider(슬라이더)
- Button(버튼)
- Player(플레이어)
- AccelerometerSensor(가속도 센서)

[Media (미디어)]

- CTCE.png
- Music.jpg
- Music.wav

[결과 화면]

※ 다음 규칙에 따라 프로젝트를 생성하고 저장하시오. [저장 경로 : 바탕화면 – CTCE 폴더]

| 프로젝트 생성 | '수검번호' | 프로젝트 저장 | '수검번호.aia' |

– 예 수검번호가 ADT-0000-000000인 경우 'ADT_0000_000000'으로 지정할 것

제1작업 앱 디자인 능력 평가   40점

문제 1 [Designer(디자이너)/기본 능력]   15점

[작성 조건]에 따라 [Screen(스크린)]을 설정하시오.

[작성 조건]

▶ Components Name(컴포넌트 이름) : 'Screen1'
  - AlignHorizontal(수평 정렬) ⇒ Center(중앙) : 3
  - AlignVertical(수직 정렬) ⇒ Bottom(아래) : 3
  - Icon(아이콘) ⇒ 'CTCE.png' 이미지 업로드
  - Title(제목) ⇒ 'Music'
  - ScreenOrientation(스크린 방향) ⇒ Sensor(센서)

문제 2 [Designer(디자이너)/심화 능력]   25점

[Image(이미지)]를 추가한 후 [작성 조건]에 따라 설정하시오.

[작성 조건]

▶ Components Name(컴포넌트 이름) : 'Picture'
  - Picture(사진) ⇒ 'Music.jpg' 이미지 업로드
  - Height(높이) ⇒ 350 pixels
  - Width(너비) ⇒ Fill parent(부모에 맞추기)

[Slider(슬라이더)]를 추가한 후 [작성 조건]에 따라 설정하시오.

[작성 조건]

▶ Components Name(컴포넌트 이름) : 'Volume'
  - Width(너비) ⇒ Fill parent(부모에 맞추기)
  - MaxValue(최댓값) ⇒ 100
  - MinValue(최솟값) ⇒ 0

[Button(버튼)]을 추가한 후 [작성 조건]에 따라 설정하시오.

[작성 조건]

▶ Components Name(컴포넌트 이름) : 'Play'
  - TextAligment(텍스트 정렬) ⇒ center(가운데) : 1
  - Text(텍스트) ⇒ '재생'

[Player(플레이어)]를 추가한 후 [작성 조건]에 따라 설정하시오.

[작성 조건]

▶ Components Name(컴포넌트 이름) : 'Music'
  • Source : 'Music.wav' 업로드하기
  • Volume(볼륨) : 30

[AccelerometerSensor(가속도 센서)]를 추가하시오.

제2작업 앱 코딩 능력 평가   60점

문제 3 [Blocks(블록)/기본 능력]   15점

[제1작업]을 참조하여 다음 [작성 조건]에 따라 코딩하시오.

[작성 조건]

▶ 'Play'를 클릭했을 때 : 소리('Music.wav')를 재생하기

문제 4 [Blocks(블록)/기본 능력]   20점

[제1작업]을 참조하여 다음 [작성 조건]에 따라 코딩하시오.

[작성 조건]

▶ 'AccelerometerSensor1'을 흔들었을 때 : 재생을 멈추기

문제 5 [Blocks(블록)/심화 능력]   25점

[제1작업]을 참조하여 다음 [작성 조건]에 따라 코딩하시오.

[작성 조건]

▶ 'Volume'이 바뀌었을 때 : 소리('Music.wav')의 볼륨을 ThumbPosition(섬네일 위치)로 바꾸기

제07회 실전모의고사

앱창의개발능력(App creative Development Test)

시험일	프로그램명	시험시간	수험번호	성명
20XX. XX. XX	앱인벤터(App Inventor)	40분		

3급 B형

수험자 유의사항

1. 수험자는 신분증 또는 동등한 자격을 갖춘 증빙서류를 지참하여야 시험에 응시할 수 있으며, 미지참 시 퇴실 조치합니다.
2. 시험 전 시스템(PC작동여부, 네트워크 상태 등)의 이상여부를 반드시 확인하여야 하며, 시스템 이상이 있을 시에는 감독관에게 조치를 받으셔야 합니다.
3. 시험 중 부주의 또는 고의로 시스템을 파손한 경우는 수험자 부담으로 합니다.
4. 답안 파일은 답안 전송 프로그램을 통하여 다운로드 한 파일을 이용하여 작성하셔야 합니다.
5. 작성한 답안 파일은 답안 전송 프로그램을 통하여 자동으로 전송되므로, 감독관의 지시에 따라 주시기 바랍니다.
6. 시험 중 앱인벤터(App Inventor) 이외에 시험과 관련 없는 다른 프로그램을 작동 시 부정행위로 간주하여 실격 처리됨을 유의하시기 바랍니다.
7. 다음 사항의 경우 실격(0점) 혹은 부정행위 처리됩니다.
   - 답안을 저장하지 않았거나, 저장한 파일이 손상되었을 경우
   - 답안 파일을 다른 보조 기억장치(USB) 또는 이메일(E-mail) 등으로 전송할 경우
   - 휴대용 전화기 등 통신장비를 사용할 경우
   - 시스템 조작의 미숙으로 시험이 불가능할 경우
8. 시험의 완료는 작성이 완료된 답안을 저장하고, 답안 전송이 완료된 상태를 확인한 것으로 합니다. 답안 전송 확인 후 문제지는 감독관에게 제출한 후 퇴실하여야 합니다.
9. 주어진 시험시간 이후에는 수정 또는 정정이 불가능합니다.
10. 〈수험자 유의사항〉에 기재된 방법대로 이행하지 않아 생기는 불이익은 수험자 본인에게 책임이 있음을 알려 드립니다.

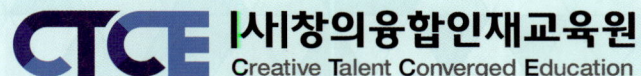

앱창의개발능력 3급 앱인벤터[App Inventor] 시험시간 40분

답안 작성요령

- 불필요한 미디어 및 명령 블록을 추가한 경우, [작성 조건]을 임의로 변경 또는 추가한 경우, 프로젝트가 제대로 실행되지 않는 경우에는 **감점 또는 실격 처리**됩니다.
- 별도의 조건이 없는 경우에는 기본 값(Default)으로 처리해야 합니다.
- 파일 삽입 시에는 반드시 주어진 폴더 내에서 다운로드 한 파일을 사용해야 합니다.

※ 다음 사항을 확인하고 주어진 조건에 따라 [문제 1-5]를 완성하시오.

▶ **나만의 문자 발송** : 버튼을 클릭하여 전화번호를 선택하고 문자 메시지를 입력한 다음 버튼을 클릭하여 문자 메시지를 보내는 프로젝트 만들기

[Components (컴포넌트)]

- Screen(스크린)
- TextBox(텍스트 상자)
- PhoneNumberPicker(전화번호 선택)
- TextBox(텍스트 상자)
- Button(버튼)
- Texting(문자 메시지)
- AccelerometerSensor(가속도 센서)

[Media (미디어)]

- CTCE.png
- dot.png

[결과 화면]

※ 다음 규칙에 따라 프로젝트를 생성하고 저장하시오. [저장 경로 : 바탕화면 – CTCE 폴더]

프로젝트 생성	'수검번호'	프로젝트 저장	'수검번호.aia'

– 예 수검번호가 ADT-0000-000000인 경우 'ADT_0000_000000'으로 지정할 것

제1작업: 앱 디자인 능력 평가 — 40점

문제 1 [Designer(디자이너)/기본 능력] — 15점

[작성 조건]에 따라 [Screen(스크린)]을 설정하시오.

[작성 조건]

▶ Components Name(컴포넌트 이름) : 'Screen1'
- AlignHorizontal(수평 정렬) ⇒ Center(중앙) : 3
- BackgroundImage(배경 이미지) ⇒ 'dot.png' 이미지 업로드
- Icon(아이콘) ⇒ 'CTCE.png' 이미지 업로드
- Title(제목) ⇒ '문자발송'
- ScreenOrientation(스크린 방향) ⇒ Portrait(세로)

문제 2 [Designer(디자이너)/심화 능력] — 25점

[TextBox(텍스트 상자)]를 추가한 후 [작성 조건]에 따라 설정하시오.

[작성 조건]

▶ Components Name(컴포넌트 이름) : 'Phone'
- FontSize(글꼴 크기) ⇒ 16
- Width(너비) ⇒ Fill parent(부모에 맞추기)
- Hint(힌트) ⇒ '연락처'
- NumberOnly(숫자만) ⇒ True

[PhoneNumberPicker(전화번호 선택)]를 추가한 후 [작성 조건]에 따라 설정하시오.

[작성 조건]

▶ Components Name(컴포넌트 이름) : 'Select'
- FontBold(글꼴 굵게) ⇒ True
- FontSize(글꼴 크기) ⇒ 16
- Text(텍스트) ⇒ '전화번호 선택'

[TextBox(텍스트 상자)]를 추가한 후 [작성 조건]에 따라 설정하시오.

[작성 조건]

▶ Components Name(컴포넌트 이름) : 'Message'
- FontSize(글꼴 크기) ⇒ 16
- Height(높이) ⇒ Fill parent(부모에 맞추기)
- Width(너비) ⇒ Fill parent(부모에 맞추기)
- Hint(힌트) ⇒ '전송할 문자입력'
- MultiLine(여러 줄) ⇒ True

[Button(버튼)]을 추가한 후 [작성 조건]에 따라 설정하시오.

[작성 조건]

▶ Components Name(컴포넌트 이름) : 'Send'
- FontSize(글꼴 크기) ⇒ 14
- FontBold(글꼴 굵게) ⇒ True
- Text(텍스트) ⇒ '전송'
- TextAlignment(텍스트 정렬) ⇒ center(가운데) : 1

[Texting(문자 메시지)], [AccelerometerSensor(가속도 센서)]를 각각 추가하시오.

제2작업 › 앱 코딩 능력 평가　　60점

문제 3 [Blocks(블록)/기본 능력]　　15점

[제1작업]을 참조하여 다음 [작성 조건]에 따라 코딩하시오.

[작성 조건]

▶ 'Select'를 클릭했을 때
- 주소록에서 전화번호를 선택한 후 선택된 번호를 'Phone'에 나타내기

문제 4 [Blocks(블록)/기본 능력]　　20점

[제1작업]을 참조하여 다음 [작성 조건]에 따라 코딩하시오.

[작성 조건]

▶ 'AccelerometerSensor1'을 흔들었을 때
- 'Phone'과 'Message'를 모두 지우기

문제 5 [Blocks(블록)/심화 능력]　　25점

[제1작업]을 참조하여 다음 [작성 조건]에 따라 코딩하시오.

[작성 조건]

▶ 'Send'를 클릭했을 때
- 'Texting1'의 전화번호를 'Phone'으로 지정하고, 'Texting1'의 Message(메시지) 항목을 'Message'로 지정하기
- 'Texting1'의 메시지 보내기

제 08 회 실전모의고사
앱창의개발능력(App creative Development Test)

시험일	프로그램명	시험시간	수험번호	성명
20XX. XX. XX	앱인벤터(App Inventor)	40분		

3급 C형

수험자 유의사항

1. 수험자는 신분증 또는 동등한 자격을 갖춘 증빙서류를 지참하여야 시험에 응시할 수 있으며, 미지참 시 퇴실 조치합니다.
2. 시험 전 시스템(PC작동여부, 네트워크 상태 등)의 이상여부를 반드시 확인하여야 하며, 시스템 이상이 있을 시에는 감독관에게 조치를 받으셔야 합니다.
3. 시험 중 부주의 또는 고의로 시스템을 파손한 경우는 수험자 부담으로 합니다.
4. 답안 파일은 답안 전송 프로그램을 통하여 다운로드 한 파일을 이용하여 작성하셔야 합니다.
5. 작성한 답안 파일은 답안 전송 프로그램을 통하여 자동으로 전송되므로, 감독관의 지시에 따라 주시기 바랍니다.
6. 시험 중 앱인벤터(App Inventor) 이외에 시험과 관련 없는 다른 프로그램을 작동 시 부정행위로 간주하여 실격 처리됨을 유의하시기 바랍니다.
7. 다음 사항의 경우 실격(0점) 혹은 부정행위 처리됩니다.
   - 답안을 저장하지 않았거나, 저장한 파일이 손상되었을 경우
   - 답안 파일을 다른 보조 기억장치(USB) 또는 이메일(E-mail) 등으로 전송할 경우
   - 휴대용 전화기 등 통신장비를 사용할 경우
   - 시스템 조작의 미숙으로 시험이 불가능할 경우
8. 시험의 완료는 작성이 완료된 답안을 저장하고, 답안 전송이 완료된 상태를 확인한 것으로 합니다. 답안 전송 확인 후 문제지는 감독관에게 제출한 후 퇴실하여야 합니다.
9. 주어진 시험시간 이후에는 수정 또는 정정이 불가능합니다.
10. 〈수험자 유의사항〉에 기재된 방법대로 이행하지 않아 생기는 불이익은 수험자 본인에게 책임이 있음을 알려 드립니다.

앱창의개발능력 3급 앱인벤터[App Inventor] 시험시간 40분

답안 작성요령

- 불필요한 미디어 및 명령 블록을 추가한 경우, [작성 조건]을 임의로 변경 또는 추가한 경우, 프로젝트가 제대로 실행되지 않는 경우에는 **감점 또는 실격 처리**됩니다.
- 별도의 조건이 없는 경우에는 기본 값(Default)으로 처리해야 합니다.
- 파일 삽입 시에는 반드시 주어진 폴더 내에서 다운로드 한 파일을 사용해야 합니다.

※ 다음 사항을 확인하고 주어진 조건에 따라 [문제 1-5]를 완성하시오.

▶ **녹음기** : 버튼을 클릭하면 녹음을 시작하고 흔들면 녹음된 소리를 재생할 수 있는 프로젝트 만들기

[**Components** (컴포넌트)]

- Screen(스크린)
- Button(버튼)
- Button(버튼)
- SoundRecorder(녹음기)
- Sound(소리)
- AccelerometerSensor(가속도 센서)

[**Media** (미디어)]

- CTCE.png
- recoder.jpg
- record.jpg
- stop.jpg

[결과 화면]

※ 다음 규칙에 따라 프로젝트를 생성하고 저장하시오. [저장 경로 : 바탕화면 – CTCE 폴더]

프로젝트 생성	'수검번호'	프로젝트 저장	'수검번호.aia'

– 예 수검번호가 ADT-0000-000000인 경우 'ADT_0000_000000'으로 지정할 것

| 앱창의개발능력 | 3급 | 앱인벤터[App Inventor] | 시험시간 40분 |

제1작업 앱 디자인 능력 평가 — 40점

문제 1 [Designer(디자이너)/기본 능력] — 15점

[작성 조건]에 따라 [Screen(스크린)]을 설정하시오.

[작성 조건]

▶ **Components Name(컴포넌트 이름) : 'Screen1'**
- AlignHorizontal(수평 정렬) ⇒ Center(중앙) : 3
- AlignVertical(수직 정렬) ⇒ Bottom(아래) : 3
- BackgroundImage(배경 이미지) ⇒ 'recoder.jpg' 이미지 업로드
- Icon(아이콘) ⇒ 'CTCE.png' 이미지 업로드
- Title(제목) ⇒ 'Recoder'

문제 2 [Designer(디자이너)/심화 능력] — 25점

[Button(버튼)]을 추가한 후 [작성 조건]에 따라 설정하시오.

[작성 조건]

▶ **Components Name(컴포넌트 이름) : 'Record'**
- Image(이미지) ⇒ 'record.jpg' 이미지 업로드
- Height(높이) ⇒ 30 pixels
- Width(너비) ⇒ 30 pixels

[Button(버튼)]을 추가한 후 [작성 조건]에 따라 설정하시오.

[작성 조건]

▶ **Components Name(컴포넌트 이름) : 'Stop'**
- Image(이미지) ⇒ 'stop.jpg' 이미지 업로드
- Height(높이) ⇒ 30 pixels
- Width(너비) ⇒ 30 pixels

[Sound(소리)]를 추가한 후 [작성 조건]에 따라 설정하시오.

[작성 조건]

▶ **Components Name(컴포넌트 이름) : 'Sensor'**

[SoundRecorder(녹음기)], [AccelerometerSensor(가속도 센서)]를 각각 추가하시오.

제2작업 앱 코딩 능력 평가   60점

문제 3 [Blocks(블록)/기본 능력]   15점

[제1작업]을 참조하여 다음 [작성 조건]에 따라 코딩하시오.

[작성 조건]

▶ 'Record'를 클릭했을 때
- 녹음을 시작하기

문제 4 [Blocks(블록)/기본 능력]   20점

[제1작업]을 참조하여 다음 [작성 조건]에 따라 코딩하시오.

[작성 조건]

▶ 'SoundRecorder'의 녹음이 끝났을 때
- 'Sensor'의 소스로 녹음된 소리를 지정하기

문제 5 [Blocks(블록)/심화 능력]   25점

[제1작업]을 참조하여 다음 [작성 조건]에 따라 코딩하시오.

[작성 조건]

▶ 'Stop'를 클릭했을 때
- 녹음을 멈추기
▶ 'AccelerometerSensor1'을 흔들었을 때
- 'Sensor'로 녹음된 소리를 재생하기

실전모의고사

앱창의개발능력(App creative Development Test)

시험일	프로그램명	시험시간	수험번호	성명
20XX. XX. XX	앱인벤터(App Inventor)	40분		

3급 D형

수험자 유의사항

1. 수험자는 신분증 또는 동등한 자격을 갖춘 증빙서류를 지참하여야 시험에 응시할 수 있으며, 미지참 시 퇴실 조치합니다.
2. 시험 전 시스템(PC작동여부, 네트워크 상태 등)의 이상여부를 반드시 확인하여야 하며, 시스템 이상이 있을 시에는 감독관에게 조치를 받으셔야 합니다.
3. 시험 중 부주의 또는 고의로 시스템을 파손한 경우는 수험자 부담으로 합니다.
4. 답안 파일은 답안 전송 프로그램을 통하여 다운로드 한 파일을 이용하여 작성하셔야 합니다.
5. 작성한 답안 파일은 답안 전송 프로그램을 통하여 자동으로 전송되므로, 감독관의 지시에 따라 주시기 바랍니다.
6. 시험 중 앱인벤터(App Inventor) 이외에 시험과 관련 없는 다른 프로그램을 작동 시 부정행위로 간주하여 실격 처리됨을 유의하시기 바랍니다.
7. 다음 사항의 경우 실격(0점) 혹은 부정행위 처리됩니다.
   - 답안을 저장하지 않았거나, 저장한 파일이 손상되었을 경우
   - 답안 파일을 다른 보조 기억장치(USB) 또는 이메일(E-mail) 등으로 전송할 경우
   - 휴대용 전화기 등 통신장비를 사용할 경우
   - 시스템 조작의 미숙으로 시험이 불가능할 경우
8. 시험의 완료는 작성이 완료된 답안을 저장하고, 답안 전송이 완료된 상태를 확인한 것으로 합니다. 답안 전송 확인 후 문제지는 감독관에게 제출한 후 퇴실하여야 합니다.
9. 주어진 시험시간 이후에는 수정 또는 정정이 불가능합니다.
10. 〈수험자 유의사항〉에 기재된 방법대로 이행하지 않아 생기는 불이익은 수험자 본인에게 책임이 있음을 알려 드립니다.

앱창의개발능력 3급 앱인벤터[App Inventor] 시험시간 40분

답안 작성요령

- 불필요한 미디어 및 명령 블록을 추가한 경우, [작성 조건]을 임의로 변경 또는 추가한 경우, 프로젝트가 제대로 실행되지 않는 경우에는 **감점 또는 실격 처리**됩니다.
- 별도의 조건이 없는 경우에는 기본 값(Default)으로 처리해야 합니다.
- 파일 삽입 시에는 반드시 주어진 폴더 내에서 다운로드 한 파일을 사용해야 합니다.

※ 다음 사항을 확인하고 주어진 조건에 따라 [문제 1-5]를 완성하시오.

▶ **보이스 메신저** : 전화번호를 입력한 후 음성 인식을 이용하여 메시지의 내용을 입력하고 발송하는 프로젝트

[Components (컴포넌트)]

- Screen(스크린)
- Image(이미지)
- TextBox(텍스트 상자)
- Label(레이블)
- Button(버튼)
- SpeechRecognizer(음성 인식)
- AccelerometerSensor(가속도 센서)
- Texting(문자 메시지)

[Media (미디어)]

- CTCE.png
- Phone.jpg

[결과 화면]

※ 다음 규칙에 따라 프로젝트를 생성하고 저장하시오. [저장 경로 : 바탕화면 - CTCE 폴더]

| 프로젝트 생성 | '수검번호' | 프로젝트 저장 | '수검번호.aia' |

– 예 수검번호가 ADT-0000-000000인 경우 'ADT_0000_000000'으로 지정할 것

제1작업 앱 디자인 능력 평가   40점

문제 1 [Designer(디자이너)/기본 능력]   15점

[작성 조건]에 따라 [Screen(스크린)]을 설정하시오.

[작성 조건]

▶ Components Name(컴포넌트 이름) : 'Screen1'
- AlignHorizontal(수평 정렬) ⇒ Center(중앙) : 3
- AlignVertical(수직 정렬) ⇒ Bottom(아래) : 3
- Icon(아이콘) ⇒ 'CTCE.png' 이미지 업로드
- Title(제목) ⇒ '보이스메신저'

문제 2 [Designer(디자이너)/심화 능력]   25점

[Image(이미지)]를 추가한 후 [작성 조건]에 따라 설정하시오.

[작성 조건]

▶ Components Name(컴포넌트 이름) : 'Picture'
- Picture(사진) ⇒ 'Phone.jpg' 이미지 업로드
- Height(높이) ⇒ 230 pixels
- Width(너비) ⇒ Fill parent(부모에 맞추기)

[TextBox(텍스트 상자)]를 추가한 후 [작성 조건]에 따라 설정하시오.

[작성 조건]

▶ Components Name(컴포넌트 이름) : 'Number'
- Height(높이) ⇒ 130 pixels
- Width(너비) ⇒ Fill parent(부모에 맞추기)
- NumbersOnly(숫자만) ⇒ True
- Hint(힌트) ⇒ '전화번호'

[Label(레이블)]을 추가한 후 [작성 조건]에 따라 설정하시오.

[작성 조건]

▶ Components Name(컴포넌트 이름) : 'Message'
- Font Size(글꼴 크기) ⇒ 12
- Height(높이) ⇒ 130 pixels
- Width(너비) ⇒ Fill parent(부모에 맞추기)
- Text(텍스트) ⇒ '메시지'

[Button(버튼)]을 추가한 후 [작성 조건]에 따라 설정하시오.

[작성 조건]

▶ Components Name(컴포넌트 이름) : 'Talk'
- Text(텍스트) ⇒ '음성 인식'
- TextAlignment(텍스트 정렬) ⇒ center(가운데) : 1

[SpeechRecognizer(음성 인식)], [AccelerometerSensor(가속도 센서)], [Texting(문자 메시지)]을 각각 추가하시오.

제2작업 앱 코딩 능력 평가   60점

문제 3 [Blocks(블록)/기본 능력]   15점

[제1작업]을 참조하여 다음 [작성 조건]에 따라 코딩하시오.

[작성 조건]

▶ 'Talk'를 클릭했을 때 : 'SpeechRecognizer'로 음성 인식하기

문제 4 [Blocks(블록)/기본 능력]   20점

[제1작업]을 참조하여 다음 [작성 조건]에 따라 코딩하시오.

[작성 조건]

▶ 'AccelerometerSensor1'을 흔들었을 때
- 'Texting1'의 'PhoneNumer'를 'Number'의 텍스트로 정하고 메시지 보내기

문제 5 [Blocks(블록)/심화 능력]   25점

[제1작업]을 참조하여 다음 [작성 조건]에 따라 코딩하시오.

[작성 조건]

▶ 'SpeechRecognizer1'으로 텍스트를 가져온 후
- 'Texting1'의 'Message'를 'SpeechRecognizer1'의 결과로 정하기
- 'Message'의 'Text'를 'SpeechRecognizer1'의 결과로 정하기

제10회 실전모의고사

앱창의개발능력(App creative Development Test)

시험일	프로그램명	시험시간	수험번호	성명
20XX. XX. XX	앱인벤터(App Inventor)	40분		

3급 E형

수험자 유의사항

1. 수험자는 신분증 또는 동등한 자격을 갖춘 증빙서류를 지참하여야 시험에 응시할 수 있으며, 미지참 시 퇴실 조치합니다.

2. 시험 전 시스템(PC작동여부, 네트워크 상태 등)의 이상여부를 반드시 확인하여야 하며, 시스템 이상이 있을 시에는 감독관에게 조치를 받으셔야 합니다.

3. 시험 중 부주의 또는 고의로 시스템을 파손한 경우는 수험자 부담으로 합니다.

4. 답안 파일은 답안 전송 프로그램을 통하여 다운로드 한 파일을 이용하여 작성하셔야 합니다.

5. 작성한 답안 파일은 답안 전송 프로그램을 통하여 자동으로 전송되므로, 감독관의 지시에 따라 주시기 바랍니다.

6. 시험 중 앱인벤터(App Inventor) 이외에 시험과 관련 없는 다른 프로그램을 작동 시 부정행위로 간주하여 실격 처리됨을 유의하시기 바랍니다.

7. 다음 사항의 경우 실격(0점) 혹은 부정행위 처리됩니다.
   - 답안을 저장하지 않았거나, 저장한 파일이 손상되었을 경우
   - 답안 파일을 다른 보조 기억장치(USB) 또는 이메일(E-mail) 등으로 전송할 경우
   - 휴대용 전화기 등 통신장비를 사용할 경우
   - 시스템 조작의 미숙으로 시험이 불가능할 경우

8. 시험의 완료는 작성이 완료된 답안을 저장하고, 답안 전송이 완료된 상태를 확인한 것으로 합니다. 답안 전송 확인 후 문제지는 감독관에게 제출한 후 퇴실하여야 합니다.

9. 주어진 시험시간 이후에는 수정 또는 정정이 불가능합니다.

10. 〈수험자 유의사항〉에 기재된 방법대로 이행하지 않아 생기는 불이익은 수험자 본인에게 책임이 있음을 알려 드립니다.

답안 작성요령

- 불필요한 미디어 및 명령 블록을 추가한 경우, [작성 조건]을 임의로 변경 또는 추가한 경우, 프로젝트가 제대로 실행되지 않는 경우에는 **감점 또는 실격 처리**됩니다.
- 별도의 조건이 없는 경우에는 기본 값(Default)으로 처리해야 합니다.
- 파일 삽입 시에는 반드시 주어진 폴더 내에서 다운로드 한 파일을 사용해야 합니다.

※ 다음 사항을 확인하고 주어진 조건에 따라 [문제 1-5]를 완성하시오.

▶ **사진 촬영과 이미지 회전** : 버튼을 클릭하면 카메라가 실행되어 사진을 찍은 후 이미지에 보여주며 버튼을 클릭하면 이미지를 회전하는 프로젝트 만들기

[Components (컴포넌트)]	[결과 화면]
• Screen(스크린) • Image(이미지) • Button(버튼) • Sound(소리) • Camera(카메라) • AccelerometerSensor(가속도 센서)	
[Media (미디어)]	
• CTCE.png • Background.jpg • Shutter.wav	

※ 다음 규칙에 따라 프로젝트를 생성하고 저장하시오. [저장 경로 : 바탕화면 – CTCE 폴더]

프로젝트 생성	'수검번호'	프로젝트 저장	'수검번호.aia'

- 〔예〕 수검번호가 ADT-0000-000000인 경우 'ADT_0000_000000'으로 지정할 것

제1작업 앱 디자인 능력 평가 — 40점

문제 1 [Designer(디자이너)/기본 능력] — 15점

[작성 조건]에 따라 [Screen(스크린)]을 설정하시오.

[작성 조건]

▶ Components Name(컴포넌트 이름) : 'Screen1'
- AlignHorizontal(수평 정렬) ⇒ Center(중앙) : 3
- BackgroundImage(배경 이미지) ⇒ 'Background.jpg' 이미지 업로드
- Icon(아이콘) ⇒ 'CTCE.png' 이미지 업로드   • Title(제목) ⇒ '카메라'
- ScreenOrientation(스크린 방향) ⇒ Sensor(센서)

문제 2 [Designer(디자이너)/심화 능력] — 25점

[Image(이미지)]를 추가한 후 [작성 조건]에 따라 설정하시오.

[작성 조건]

▶ Components Name(컴포넌트 이름) : 'Picture'
- Height(높이) ⇒ Fill parent(부모에 맞추기)   • Width(너비) ⇒ Fill parent(부모에 맞추기)

[Button(버튼)]을 추가한 후 [작성 조건]에 따라 설정하시오.

[작성 조건]

▶ Components Name(컴포넌트 이름) : 'Rotate'
- FontBold(글꼴 굵게) ⇒ True   • FontSize(글꼴 크기) ⇒ 16
- Shape(모양) ⇒ rectangular(직사각형)   • Text(텍스트) ⇒ '사진회전'
- TextAlignment(텍스트 정렬) ⇒ center(가운데) : 1

[Sound(소리)]를 추가한 후 [작성 조건]에 따라 설정하시오.

[작성 조건]

▶ Components Name(컴포넌트 이름) : 'Sensor'
- Source(소스) ⇒ Shutter.wav

[Camera(카메라)], [AccelerometerSensor(가속도 센서)]를 각각 추가하시오.

제2작업 앱 코딩 능력 평가   60점

문제 3 [Blocks(블록)/기본 능력]   15점

[제1작업]을 참조하여 다음 [작성 조건]에 따라 코딩하시오.

[작성 조건]

▶ 'AccelerometerSensor1'을 흔들었을 때
- 카메라로 사진 찍기

문제 4 [Blocks(블록)/기본 능력]   20점

[제1작업]을 참조하여 다음 [작성 조건]에 따라 코딩하시오.

[작성 조건]

▶ 'Camera1'로 사진을 찍었을 때
- 촬영한 사진을 'Picture'에 나타내기

문제 5 [Blocks(블록)/심화 능력]   25점

[제1작업]을 참조하여 다음 [작성 조건]에 따라 코딩하시오.

[작성 조건]

▶ 'Rotate'를 클릭했을 때
- 소리('Shutter.wav')를 내고, 'Picture'의 사진을 현재 각도에서 90도 만큼 회전시키기

제 11 회 실전모의고사

앱창의개발능력(App creative Development Test)

시험일	프로그램명	시험시간	수험번호	성명
20XX. XX. XX	앱인벤터(App Inventor)	40분		

3급 A형

수험자 유의사항

1. 수험자는 신분증 또는 동등한 자격을 갖춘 증빙서류를 지참하여야 시험에 응시할 수 있으며, 미지참 시 퇴실 조치합니다.

2. 시험 전 시스템(PC작동여부, 네트워크 상태 등)의 이상여부를 반드시 확인하여야 하며, 시스템 이상이 있을 시에는 감독관에게 조치를 받으셔야 합니다.

3. 시험 중 부주의 또는 고의로 시스템을 파손한 경우는 수험자 부담으로 합니다.

4. 답안 파일은 답안 전송 프로그램을 통하여 다운로드 한 파일을 이용하여 작성하셔야 합니다.

5. 작성한 답안 파일은 답안 전송 프로그램을 통하여 자동으로 전송되므로, 감독관의 지시에 따라 주시기 바랍니다.

6. 시험 중 앱인벤터(App Inventor) 이외에 시험과 관련 없는 다른 프로그램을 작동 시 부정행위로 간주하여 실격 처리됨을 유의하시기 바랍니다.

7. 다음 사항의 경우 실격(0점) 혹은 부정행위 처리됩니다.
   - 답안을 저장하지 않았거나, 저장한 파일이 손상되었을 경우
   - 답안 파일을 다른 보조 기억장치(USB) 또는 이메일(E-mail) 등으로 전송할 경우
   - 휴대용 전화기 등 통신장비를 사용할 경우
   - 시스템 조작의 미숙으로 시험이 불가능할 경우

8. 시험의 완료는 작성이 완료된 답안을 저장하고, 답안 전송이 완료된 상태를 확인한 것으로 합니다. 답안 전송 확인 후 문제지는 감독관에게 제출한 후 퇴실하여야 합니다.

9. 주어진 시험시간 이후에는 수정 또는 정정이 불가능합니다.

10. 〈수험자 유의사항〉에 기재된 방법대로 이행하지 않아 생기는 불이익은 수험자 본인에게 책임이 있음을 알려 드립니다.

앱창의개발능력 3급 앱인벤터[App Inventor] 시험시간 40분

답안 작성요령

- 불필요한 미디어 및 명령 블록을 추가한 경우, [작성 조건]을 임의로 변경 또는 추가한 경우, 프로젝트가 제대로 실행되지 않는 경우에는 <u>감점 또는 실격</u> 처리됩니다.
- 별도의 조건이 없는 경우에는 기본 값(Default)으로 처리해야 합니다.
- 파일 삽입 시에는 반드시 주어진 폴더 내에서 다운로드 한 파일을 사용해야 합니다.

※ 다음 사항을 확인하고 주어진 조건에 따라 [문제 1-5]를 완성하시오.

▶ **나침반** : 현재의 방향을 알려주고 버튼을 클릭하면 나침반을 고정하는 프로젝트 만들기

[Components (컴포넌트)]	[결과 화면]
• Screen(스크린) • Image(이미지) • Label(레이블) • Button(버튼) • Button(버튼) • OrientationSensor(방향 센서)	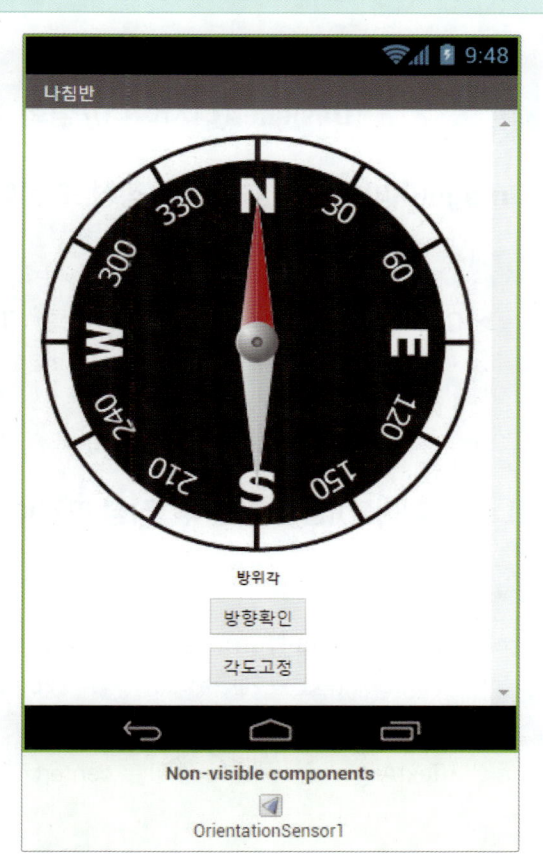

[Media (미디어)]

- CTCE.png
- NS.png

※ 다음 규칙에 따라 프로젝트를 생성하고 저장하시오. [저장 경로 : 바탕화면 – CTCE 폴더]

프로젝트 생성	'수검번호'	프로젝트 저장	'수검번호.aia'

– 예 수검번호가 ADT-0000-000000인 경우 'ADT_0000_000000'으로 지정할 것

제1작업 앱 디자인 능력 평가 40점

문제 1 [Designer(디자이너)/기본 능력] 15점

[작성 조건]에 따라 [Screen(스크린)]을 설정하시오.

[작성 조건]

▶ Components Name(컴포넌트 이름) : 'Screen1'
- AlignHorizontal(수평 정렬) ⇒ Center(중앙) : 3
- AlignVertical(수직 정렬) ⇒ Center(가운데) : 2
- Icon(아이콘) ⇒ 'CTCE.png' 이미지 업로드
- Title(제목) ⇒ '나침반'

문제 2 [Designer(디자이너)/심화 능력] 25점

[Image(이미지)]를 추가한 후 [작성 조건]에 따라 설정하시오.

[작성 조건]

▶ Components Name(컴포넌트 이름) : 'Picture'
- Picture(이미지) ⇒ 'NS.png' 이미지 업로드
- Height(높이) ⇒ 300 pixels
- Width(너비) ⇒ 300 pixels

[Label(레이블)]을 추가한 후 [작성 조건]에 따라 설정하시오.

[작성 조건]

▶ Components Name(컴포넌트 이름) : 'Azimuth'
- FontBold(글꼴 굵게) ⇒ True
- FontSize(글꼴 크기) ⇒ 12
- Width(너비) ⇒ Fill parent(부모에 맞추기)
- Text(텍스트) : '방위각'
- TextAlignment(텍스트 정렬) ⇒ center(가운데) : 1

[Button(버튼)]을 추가한 후 [작성 조건]에 따라 설정하시오.

[작성 조건]

▶ Components Name(컴포넌트 이름) : 'Direction'
- Text(텍스트) : '방향확인'
- TextAlignment(텍스트 정렬) ⇒ center(가운데) : 1

[Button(버튼)]을 추가한 후 [작성 조건]에 따라 설정하시오.

[작성 조건]

▶ Components Name(컴포넌트 이름) : 'Locked'
  • Text(텍스트) : '각도고정'
  • TextAlignment(텍스트 정렬) ⇒ center(가운데) : 1

[OrientationSensor(방향 센서)]를 추가하시오.

제2작업 앱 코딩 능력 평가   60점

문제 3 [Blocks(블록)/기본 능력]   15점

[제1작업]을 참조하여 다음 [작성 조건]에 따라 코딩하시오.

[작성 조건]

▶ 'Direction'을 클릭했을 때 : 'OrientationSensor'를 활성화하기

문제 4 [Blocks(블록)/기본 능력]   20점

[제1작업]을 참조하여 다음 [작성 조건]에 따라 코딩하시오.

[작성 조건]

▶ 'Locked'를 클릭했을 때 : 'OrientationSensor'를 비활성화하기

문제 5 [Blocks(블록)/심화 능력]   25점

[제1작업]을 참조하여 다음 [작성 조건]에 따라 코딩하시오.

[작성 조건]

▶ 'OrientationSensor'의 값이 바뀌었을 때
  • 'Picture'를 '360'에서 방위각을 뺀 값만큼 회전하고 'Azimuth'의 텍스트를 '방위각'으로 정하기

제 12회 실전모의고사

앱창의개발능력(App creative Development Test)

시험일	프로그램명	시험시간	수험번호	성명
20XX. XX. XX	앱인벤터(App Inventor)	40분		

3급 B형

수험자 유의사항

1. 수험자는 신분증 또는 동등한 자격을 갖춘 증빙서류를 지참하여야 시험에 응시할 수 있으며, 미지참 시 퇴실 조치합니다.

2. 시험 전 시스템(PC작동여부, 네트워크 상태 등)의 이상여부를 반드시 확인하여야 하며, 시스템 이상이 있을 시에는 감독관에게 조치를 받으셔야 합니다.

3. 시험 중 부주의 또는 고의로 시스템을 파손한 경우는 수험자 부담으로 합니다.

4. 답안 파일은 답안 전송 프로그램을 통하여 다운로드 한 파일을 이용하여 작성하셔야 합니다.

5. 작성한 답안 파일은 답안 전송 프로그램을 통하여 자동으로 전송되므로, 감독관의 지시에 따라 주시기 바랍니다.

6. 시험 중 앱인벤터(App Inventor) 이외에 시험과 관련 없는 다른 프로그램을 작동 시 부정행위로 간주하여 실격 처리됨을 유의하시기 바랍니다.

7. 다음 사항의 경우 실격(0점) 혹은 부정행위 처리됩니다.
   - 답안을 저장하지 않았거나, 저장한 파일이 손상되었을 경우
   - 답안 파일을 다른 보조 기억장치(USB) 또는 이메일(E-mail) 등으로 전송할 경우
   - 휴대용 전화기 등 통신장비를 사용할 경우
   - 시스템 조작의 미숙으로 시험이 불가능할 경우

8. 시험의 완료는 작성이 완료된 답안을 저장하고, 답안 전송이 완료된 상태를 확인한 것으로 합니다. 답안 전송 확인 후 문제지는 감독관에게 제출한 후 퇴실하여야 합니다.

9. 주어진 시험시간 이후에는 수정 또는 정정이 불가능합니다.

10. 〈수험자 유의사항〉에 기재된 방법대로 이행하지 않아 생기는 불이익은 수험자 본인에게 책임이 있음을 알려 드립니다.

앱창의개발능력 3급 앱인벤터[App Inventor]

시험시간 40분　1/3

답안 작성요령

- 불필요한 미디어 및 명령 블록을 추가한 경우, [작성 조건]을 임의로 변경 또는 추가한 경우, 프로젝트가 제대로 실행되지 않는 경우에는 **감점 또는 실격** 처리됩니다.
- 별도의 조건이 없는 경우에는 기본 값(Default)으로 처리해야 합니다.
- 파일 삽입 시에는 반드시 주어진 폴더 내에서 다운로드 한 파일을 사용해야 합니다.

※ 다음 사항을 확인하고 주어진 조건에 따라 [문제 1-5]를 완성하시오.

▶ **음성 검색** : 음성을 이용하여 구글에서 검색하고 결과를 보여주는 프로젝트 만들기

[Components (컴포넌트)]

- Screen(스크린)
- WebViewer(웹 뷰어)
- Button(버튼)
- AccelerometerSensor(가속도 센서)
- SpeechRecognizer(음성 인식)

[Media (미디어)]

- CTCE.png
- mic.jpg

[결과 화면]

※ 다음 규칙에 따라 프로젝트를 생성하고 저장하시오. [저장 경로 : 바탕화면 – CTCE 폴더]

프로젝트 생성	'수검번호'	프로젝트 저장	'수검번호.aia'

— 예) 수검번호가 ADT-0000-000000인 경우 'ADT_0000_000000'으로 지정할 것

제1작업 ▶ 앱 디자인 능력 평가 40점

문제 1 [Designer(디자이너)/기본 능력] 15점

[작성 조건]에 따라 [Screen(스크린)]을 설정하시오.

[작성 조건]

▶ Components Name(컴포넌트 이름) : 'Screen1'
- AlignHorizontal(수평 정렬) ⇒ Center(중앙) : 3
- Icon(아이콘) ⇒ 'CTCE.png' 이미지 업로드
- Title(제목) ⇒ '음성 검색'
- ScreenOrientation(스크린 방향) ⇒ Portrait(세로)

문제 2 [Designer(디자이너)/심화 능력] 25점

[Webviewer(웹 뷰어)]를 추가한 후 [작성 조건]에 따라 설정하시오.

[작성 조건]

▶ Components Name(컴포넌트 이름) : 'Search_engine'
- Height(높이) ⇒ 360 pixels
- Width(너비) ⇒ Fill parent(부모에 맞추기)
- HomeUrl(홈 URL) ⇒ 'https://www.google.com'

[Button(버튼)]을 추가한 후 [작성 조건]에 따라 설정하시오.

[작성 조건]

▶ Components Name(컴포넌트 이름) : 'Search'
- Height(높이) ⇒ 10 percent
- Width(너비) ⇒ 10 percent
- Image(이미지) ⇒ 'mic.jpg' 이미지 업로드

[AccelerometerSensor(가속도 센서)]를 추가한 후 [작성 조건]에 따라 설정하시오.

[작성 조건]

▶ Components Name(컴포넌트 이름) : 'AccelerometerSensor'
- Sensitivity(민감도) ⇒ weak(약함)

[SpeechRecognizer(음성 인식)]를 추가하시오.

제2작업 앱 코딩 능력 평가 60점

문제 3 [Blocks(블록)/기본 능력] 15점

[제1작업]을 참조하여 다음 [작성 조건]에 따라 코딩하시오.

[작성 조건]

▶ 'Search'를 클릭했을 때
- 'SpeechRecognizer1'의 텍스트 가져오기

문제 4 [Blocks(블록)/기본 능력] 20점

[제1작업]을 참조하여 다음 [작성 조건]에 따라 코딩하시오.

[작성 조건]

▶ 'AccelerometerSensor1'을 흔들었을 때
- 'Search_engine' 홈페이지로 이동하기

문제 5 [Blocks(블록)/심화 능력] 25점

[제1작업]을 참조하여 다음 [작성 조건]에 따라 코딩하시오.

[작성 조건]

▶ '음성 인식'으로 텍스트를 가져온 후
- 'Search_engine'의 'url'을 'https://www.google.co.kr/?gws_rd=ssi#newwindow=1&q='와 음성 인식의 (결과)를 결합한 값으로 정하기

실전모의고사
앱창의개발능력(App creative Development Test)

시험일	프로그램명	시험시간	수험번호	성명
20XX. XX. XX	앱인벤터(App Inventor)	40분		

3급 C형

수험자 유의사항

1. 수험자는 신분증 또는 동등한 자격을 갖춘 증빙서류를 지참하여야 시험에 응시할 수 있으며, 미지참 시 퇴실 조치합니다.

2. 시험 전 시스템(PC작동여부, 네트워크 상태 등)의 이상여부를 반드시 확인하여야 하며, 시스템 이상이 있을 시에는 감독관에게 조치를 받으셔야 합니다.

3. 시험 중 부주의 또는 고의로 시스템을 파손한 경우는 수험자 부담으로 합니다.

4. 답안 파일은 답안 전송 프로그램을 통하여 다운로드 한 파일을 이용하여 작성하셔야 합니다.

5. 작성한 답안 파일은 답안 전송 프로그램을 통하여 자동으로 전송되므로, 감독관의 지시에 따라 주시기 바랍니다.

6. 시험 중 앱인벤터(App Inventor) 이외에 시험과 관련 없는 다른 프로그램을 작동 시 부정행위로 간주하여 실격 처리됨을 유의하시기 바랍니다.

7. 다음 사항의 경우 실격(0점) 혹은 부정행위 처리됩니다.
    - 답안을 저장하지 않았거나, 저장한 파일이 손상되었을 경우
    - 답안 파일을 다른 보조 기억장치(USB) 또는 이메일(E-mail) 등으로 전송할 경우
    - 휴대용 전화기 등 통신장비를 사용할 경우
    - 시스템 조작의 미숙으로 시험이 불가능할 경우

8. 시험의 완료는 작성이 완료된 답안을 저장하고, 답안 전송이 완료된 상태를 확인한 것으로 합니다. 답안 전송 확인 후 문제지는 감독관에게 제출한 후 퇴실하여야 합니다.

9. 주어진 시험시간 이후에는 수정 또는 정정이 불가능합니다.

10. 〈수험자 유의사항〉에 기재된 방법대로 이행하지 않아 생기는 불이익은 수험자 본인에게 책임이 있음을 알려 드립니다.

앱창의개발능력 3급 앱인벤터[App Inventor] 시험시간 40분

답안 작성요령

- 불필요한 미디어 및 명령 블록을 추가한 경우, [작성 조건]을 임의로 변경 또는 추가한 경우, 프로젝트가 제대로 실행되지 않는 경우에는 <u>감점 또는 실격</u> 처리됩니다.
- 별도의 조건이 없는 경우에는 기본 값(Default)으로 처리해야 합니다.
- 파일 삽입 시에는 반드시 주어진 폴더 내에서 다운로드 한 파일을 사용해야 합니다.

※ 다음 사항을 확인하고 주어진 조건에 따라 [문제 1-5]를 완성하시오.

▶ **번역기** : 한글로 된 단어나 문장을 입력한 후 버튼을 클릭하면 영문으로 번역해주는 프로젝트 만들기

[Components (컴포넌트)]

- Screen(스크린)
- TextBox(텍스트 상자)
- Button(버튼)
- TextBox(텍스트 상자)
- YandexTranslate(Yandex 번역)
- AccelerometerSensor(가속도 센서)

[Media (미디어)]

- CTCE.png
- wall.jpg

[결과 화면]

※ 다음 규칙에 따라 프로젝트를 생성하고 저장하시오. [저장 경로 : 바탕화면 – CTCE 폴더]

프로젝트 생성	'수검번호'	프로젝트 저장	'수검번호.aia'

— 예 수검번호가 ADT-0000-000000인 경우 'ADT_0000_000000'으로 지정할 것

제1작업 ▶ 앱 디자인 능력 평가 40점

문제 1 [Designer(디자이너)/기본 능력] 15점

[작성 조건]에 따라 [Screen(스크린)]을 설정하시오.

[작성 조건]

▶ Components Name(컴포넌트 이름) : 'Screen1'
- AlignHorizontal(수평 정렬) ⇒ Center(중앙) : 3
- AlignVertical(수직 정렬) ⇒ Center(가운데) : 2
- BackgroundImage(배경 이미지) ⇒ wall.jpg 이미지 업로드
- Icon(아이콘) ⇒ 'CTCE.png' 이미지 업로드
- Title(제목) ⇒ '번역기'

문제 2 [Designer(디자이너)/심화 능력] 25점

[TextBox(텍스트 상자)]를 추가한 후 [작성 조건]에 따라 설정하시오.

[작성 조건]

▶ Components Name(컴포넌트 이름) : 'Input'
- FontBold(글꼴 굵게) ⇒ True
- FontSize(글꼴 크기) ⇒ 20
- Height(높이) ⇒ Fill parent(부모에 맞추기)
- Width(너비) ⇒ Fill parent(부모에 맞추기)
- Hint(힌트) ⇒ '번역할 문장'
- MultiLine(여러 줄) ⇒ True

[Button(버튼)]을 추가한 후 [작성 조건]에 따라 설정하시오.

[작성 조건]

▶ Components Name(컴포넌트 이름) : 'Translate'
- FontBold(글꼴 굵게) ⇒ True
- FontSize(글꼴 크기) ⇒ 12
- Shape(모양) ⇒ rounded(둥근 모서리)
- Text(텍스트) ⇒ '번역'
- TextAlignment(텍스트 정렬) ⇒ center(가운데) : 1

[TextBox(텍스트 상자)]를 추가한 후 [작성 조건]에 따라 설정하시오.

[작성 조건]

▶ Components Name(컴포넌트 이름) : 'Output'
- FontBold(글꼴 굵게) ⇒ True
- FontSize(글꼴 크기) ⇒ 20
- Height(높이) ⇒ Fill parent(부모에 맞추기)
- Width(너비) ⇒ Fill parent(부모에 맞추기)

[YandexTranslate(Yandex 번역)]와 **[AccelerometerSensor(가속도 센서)]**를 각각 추가하시오.

제2작업 앱 코딩 능력 평가 (60점)

문제 3 [Blocks(블록)/기본 능력] 15점

[제1작업]을 참조하여 다음 [작성 조건]에 따라 코딩하시오.

[작성 조건]

▶ '번역'이 끝났을 때 : 번역된 내용을 'Output'에 표시하기

문제 4 [Blocks(블록)/기본 능력] 20점

[제1작업]을 참조하여 다음 [작성 조건]에 따라 코딩하시오.

[작성 조건]

▶ 'AccelerometerSensor1'을 흔들었을 때
- Input과 Output의 텍스트를 모두 지우기

문제 5 [Blocks(블록)/심화 능력] 25점

[제1작업]을 참조하여 다음 [작성 조건]에 따라 코딩하시오.

[작성 조건]

▶ 'Translate'를 클릭했을 때
- 번역기를 이용하여 'Input'에 있는 텍스트를 한글에서 영문으로 번역하기

제 14회 실전모의고사

앱창의개발능력(App creative Development Test)

시험일	프로그램명	시험시간	수험번호	성명
20XX. XX. XX	앱인벤터(App Inventor)	40분		

3급 D형

수험자 유의사항

1. 수험자는 신분증 또는 동등한 자격을 갖춘 증빙서류를 지참하여야 시험에 응시할 수 있으며, 미지참 시 퇴실 조치합니다.

2. 시험 전 시스템(PC작동여부, 네트워크 상태 등)의 이상여부를 반드시 확인하여야 하며, 시스템 이상이 있을 시에는 감독관에게 조치를 받으셔야 합니다.

3. 시험 중 부주의 또는 고의로 시스템을 파손한 경우는 수험자 부담으로 합니다.

4. 답안 파일은 답안 전송 프로그램을 통하여 다운로드 한 파일을 이용하여 작성하셔야 합니다.

5. 작성한 답안 파일은 답안 전송 프로그램을 통하여 자동으로 전송되므로, 감독관의 지시에 따라 주시기 바랍니다.

6. 시험 중 앱인벤터(App Inventor) 이외에 시험과 관련 없는 다른 프로그램을 작동 시 부정행위로 간주하여 실격 처리됨을 유의하시기 바랍니다.

7. 다음 사항의 경우 실격(0점) 혹은 부정행위 처리됩니다.
   - 답안을 저장하지 않았거나, 저장한 파일이 손상되었을 경우
   - 답안 파일을 다른 보조 기억장치(USB) 또는 이메일(E-mail) 등으로 전송할 경우
   - 휴대용 전화기 등 통신장비를 사용할 경우
   - 시스템 조작의 미숙으로 시험이 불가능할 경우

8. 시험의 완료는 작성이 완료된 답안을 저장하고, 답안 전송이 완료된 상태를 확인한 것으로 합니다. 답안 전송 확인 후 문제지는 감독관에게 제출한 후 퇴실하여야 합니다.

9. 주어진 시험시간 이후에는 수정 또는 정정이 불가능합니다.

10. 〈수험자 유의사항〉에 기재된 방법대로 이행하지 않아 생기는 불이익은 수험자 본인에게 책임이 있음을 알려 드립니다.

앱창의개발능력 3급 앱인벤터[App Inventor] 시험시간 40분

답안 작성요령

- 불필요한 미디어 및 명령 블록을 추가한 경우, [작성 조건]을 임의로 변경 또는 추가한 경우, 프로젝트가 제대로 실행되지 않는 경우에는 **감점 또는 실격 처리**됩니다.
- 별도의 조건이 없는 경우에는 기본 값(Default)으로 처리해야 합니다.
- 파일 삽입 시에는 반드시 주어진 폴더 내에서 다운로드 한 파일을 사용해야 합니다.

※ 다음 사항을 확인하고 주어진 조건에 따라 [문제 1-5]를 완성하시오.

▶ **지도 검색** : 음성으로 원하는 장소를 지도에서 검색하는 프로젝트 만들기

[Components (컴포넌트)]

- Screen(스크린)
- Button(버튼)
- TextBox(텍스트 상자)
- ActivityStarter(액티비티 스타터)
- SpeechRecognizer(음성 인식)
- AccelerometerSensor(가속도 센서)

[Media (미디어)]

- CTCE.png
- wall.jpg
- mic.jpg

[결과 화면]

※ 다음 규칙에 따라 프로젝트를 생성하고 저장하시오. [저장 경로 : 바탕화면 – CTCE 폴더]

| 프로젝트 생성 | '수검번호' | 프로젝트 저장 | '수검번호.aia' |

– 예 수검번호가 ADT-0000-000000인 경우 'ADT_0000_000000'으로 지정할 것

제1작업 앱 디자인 능력 평가   40점

문제 1 [Designer(디자이너)/기본 능력]   15점

[작성 조건]에 따라 [Screen(스크린)]을 설정하시오.

[작성 조건]

▶ Components Name(컴포넌트 이름) : 'Screen1'
- AlignHorizontal(수평 정렬) ⇒ Center(중앙) : 3
- AlignVertical(수직 정렬) ⇒ Bottom(아래) : 3
- BackgroundImage(배경 이미지) ⇒ 'wall.jpg' 이미지 업로드
- Icon(아이콘) ⇒ 'CTCE.png' 이미지 업로드
- Title(제목) ⇒ '지도 검색'

문제 2 [Designer(디자이너)/심화 능력]   25점

[Button(버튼)]을 추가한 후 [작성 조건]에 따라 설정하시오.

[작성 조건]

▶ Components Name(컴포넌트 이름) : 'Soundrecord'
- Height(높이) ⇒ 150 pixels
- Width(너비) ⇒ 100 pixels
- Image(이미지) ⇒ 'mic.jpg' 이미지 업로드

[TextBox(텍스트 상자)]를 추가한 후 [작성 조건]에 따라 설정하시오.

[작성 조건]

▶ Components Name(컴포넌트 이름) : 'Keyword'
- FontBold(글꼴 굵게) ⇒ True
- FontSize(글꼴 크기) ⇒ 12
- Width(너비) ⇒ Fill parent(부모에 맞추기)
- Hint(힌트) ⇒ '검색 단어'

[ActivityStarter(액티비티 스타터)]를 추가한 후 [작성 조건]에 따라 설정하시오.

[작성 조건]

▶ Components Name(컴포넌트 이름) : 'ActivityStarter1'
- Action(동작) ⇒ android.intent.action.VIEW
- ActivityClass(액티비티 클래스) ⇒ com.google.android.maps.MapsActivity
- ActivityPackage(액티비티 패키지) ⇒ com.google.android.apps.maps

[SpeechRecognizer(음성 인식)], [AccelerometerSensor(가속도 센서)]를 각각 추가하시오.

제2작업 ▶ 앱 코딩 능력 평가   60점

문제 3 [Blocks(블록)/기본 능력]   15점

[제1작업]을 참조하여 다음 [작성 조건]에 따라 코딩하시오.

[작성 조건]

▶ 'Soundrecord'를 클릭했을 때
- 음성 인식으로 텍스트 가져오기

문제 4 [Blocks(블록)/기본 능력]   20점

[제1작업]을 참조하여 다음 [작성 조건]에 따라 코딩하시오.

[작성 조건]

▶ '음성 인식'으로 텍스트를 가져왔을 때
- 엑티비티 스타터의 'DataUri'를 'geo:0,0?q='와 '결과'를 결합한 값으로 지정하기
- Keyword의 텍스트를 결과로 지정하기

문제 5 [Blocks(블록)/심화 능력]   25점

[제1작업]을 참조하여 다음 [작성 조건]에 따라 코딩하시오.

[작성 조건]

▶ 'AccelerometerSensor1'을 흔들었을 때
- 액티비티를 시작하여 구글 지도를 열기

제15회 실전모의고사
앱창의개발능력(App creative Development Test)

시험일	프로그램명	시험시간	수험번호	성명
20XX. XX. XX	앱인벤터(App Inventor)	40분		

3급 E형

수험자 유의사항

1. 수험자는 신분증 또는 동등한 자격을 갖춘 증빙서류를 지참하여야 시험에 응시할 수 있으며, 미지참 시 퇴실 조치합니다.

2. 시험 전 시스템(PC작동여부, 네트워크 상태 등)의 이상여부를 반드시 확인하여야 하며, 시스템 이상이 있을 시에는 감독관에게 조치를 받으셔야 합니다.

3. 시험 중 부주의 또는 고의로 시스템을 파손한 경우는 수험자 부담으로 합니다.

4. 답안 파일은 답안 전송 프로그램을 통하여 다운로드 한 파일을 이용하여 작성하셔야 합니다.

5. 작성한 답안 파일은 답안 전송 프로그램을 통하여 자동으로 전송되므로, 감독관의 지시에 따라 주시기 바랍니다.

6. 시험 중 앱인벤터(App Inventor) 이외에 시험과 관련 없는 다른 프로그램을 작동 시 부정행위로 간주하여 실격 처리됨을 유의하시기 바랍니다.

7. 다음 사항의 경우 실격(0점) 혹은 부정행위 처리됩니다.
   - 답안을 저장하지 않았거나, 저장한 파일이 손상되었을 경우
   - 답안 파일을 다른 보조 기억장치(USB) 또는 이메일(E-mail) 등으로 전송할 경우
   - 휴대용 전화기 등 통신장비를 사용할 경우
   - 시스템 조작의 미숙으로 시험이 불가능할 경우

8. 시험의 완료는 작성이 완료된 답안을 저장하고, 답안 전송이 완료된 상태를 확인한 것으로 합니다. 답안 전송 확인 후 문제지는 감독관에게 제출한 후 퇴실하여야 합니다.

9. 주어진 시험시간 이후에는 수정 또는 정정이 불가능합니다.

10. 〈수험자 유의사항〉에 기재된 방법대로 이행하지 않아 생기는 불이익은 수험자 본인에게 책임이 있음을 알려 드립니다.

| 앱창의개발능력 | **3급** | 앱인벤터[App Inventor] | 시험시간 40분 | 1/3 |

답안 작성요령

- 불필요한 미디어 및 명령 블록을 추가한 경우, [작성 조건]을 임의로 변경 또는 추가한 경우, 프로젝트가 제대로 실행되지 않는 경우에는 **감점 또는 실격 처리**됩니다.
- 별도의 조건이 없는 경우에는 기본 값(Default)으로 처리해야 합니다.
- 파일 삽입 시에는 반드시 주어진 폴더 내에서 다운로드 한 파일을 사용해야 합니다.

※ 다음 사항을 확인하고 주어진 조건에 따라 [문제 1-5]를 완성하시오.

▶ **위치 표시기** : 버튼을 클릭하면 현재 위치의 주소를 표시하고, 구글 지도를 이용해 현재 위치를 나타내는 프로젝트

[**Components** (컴포넌트)]

- Screen(스크린)
- Label(레이블)
- Button(버튼)
- Button(버튼)
- LocationSensor(위치 센서)
- ActivityStarter(액티비티 스타터)
- AccelerometerSensor(가속도 센서)

[**Media** (미디어)]

- CTCE.png
- map.gif

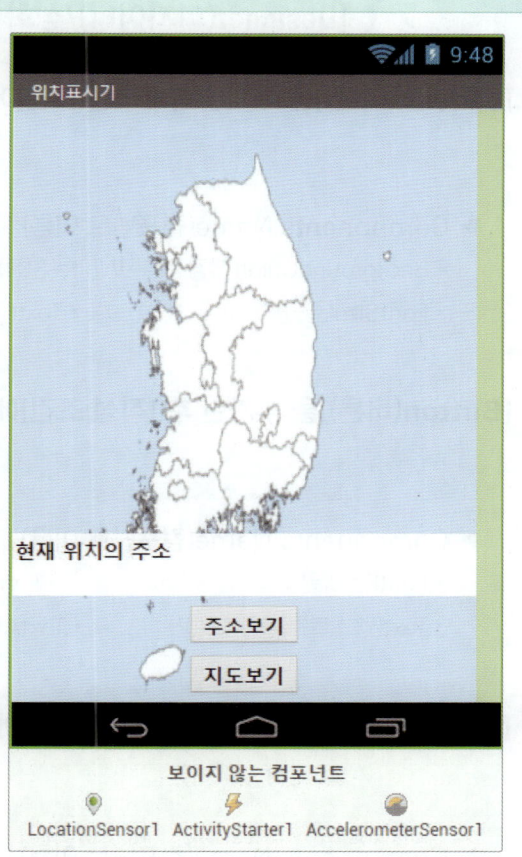

[결과 화면]

※ 다음 규칙에 따라 프로젝트를 생성하고 저장하시오. [저장 경로 : 바탕화면 – CTCE 폴더]

프로젝트 생성	'수검번호'	프로젝트 저장	'수검번호.aia'

— 예 수검번호가 ADT-0000-000000인 경우 'ADT_0000_000000'으로 지정할 것

제1작업 앱 디자인 능력 평가 — 40점

문제 1 [Designer(디자이너)/기본 능력] — 15점

[작성 조건]에 따라 [Screen(스크린)]을 설정하시오.

[작성 조건]

▶ Components Name(컴포넌트 이름) : 'Screen1'
- AlignHorizontal(수평 정렬) ⇒ Center(중앙) : 3
- AlignVertical(수직 정렬) ⇒ Bottom(아래) : 3
- BackgroundImage(배경 이미지) ⇒ 'map.gif' 이미지 업로드
- Icon(아이콘) ⇒ 'CTCE.png' 이미지 업로드
- Title(제목) ⇒ '위치표시기'

문제 2 [Designer(디자이너)/심화 능력] — 25점

[Label(레이블)]을 추가한 후 [작성 조건]에 따라 설정하시오.

[작성 조건]

▶ Components Name(컴포넌트 이름) : 'Address'
- BackgroundColor(배경색) ⇒ White(흰색)
- FontBold(글꼴 굵게) ⇒ True
- FontSize(글꼴 크기) ⇒ 16
- Text(텍스트) : '현재 위치의 주소'

[Button(버튼)]을 추가한 후 [작성 조건]에 따라 설정하시오.

[작성 조건]

▶ Components Name(컴포넌트 이름) : 'Address_View'
- FontBold(글꼴 굵게) ⇒ True
- FontSize(글꼴 크기) ⇒ 16
- Text(텍스트) ⇒ '주소보기'
- TextAlignment(텍스트 정렬) ⇒ center(가운데) : 1

[Button(버튼)]을 추가한 후 [작성 조건]에 따라 설정하시오.

[작성 조건]

▶ Components Name(컴포넌트 이름) : 'View_map'
- FontBold(글꼴 굵게) ⇒ True
- FontSize(글꼴 크기) ⇒ 16
- Text(텍스트) ⇒ '지도보기'
- TextAlignment(텍스트 정렬) ⇒ center(가운데) : 1

[LocationSensor(위치 센서)], [ActivityStarter(액티비티 스타터)], AccelerometerSensor(가속도 센서)]를 각각 추가하시오.

앱창의개발능력 **3급** 앱인벤터[App Inventor] 시험시간 **40분**

제2작업 · 앱 코딩 능력 평가 60점

문제 3 [Blocks(블록)/기본 능력] 15점

[제1작업]을 참조하여 다음 [작성 조건]에 따라 코딩하시오.

[작성 조건]

▶ 'Address_View'를 클릭했을 때
- 현재 주소를 'Address'의 텍스트에 나타내기

문제 4 [Blocks(블록)/기본 능력] 20점

[제1작업]을 참조하여 다음 [작성 조건]에 따라 코딩하시오.

[작성 조건]

▶ 'AccelerometerSensor1'을 흔들었을 때
- 'Address'의 텍스트 지우기

문제 5 [Blocks(블록)/심화 능력] 25점

[제1작업]을 참조하여 다음 [작성 조건]에 따라 코딩하시오.

[작성 조건]

▶ 'View_map'을 클릭했을 때
- 'ActivityStarter'의 'Action'을 'andorid.intent.action.VIEW'로 정하기
- 'ActivityStarter'의 'DataUri'를 'geo:0,0?q='와 '위치센서'의 현재 주소를 결합한 값으로 정하기
- 'ActivityStarter'를 호출하여 지도 표시하기

제16회 실전모의고사

앱창의개발능력(App creative Development Test)

시험일	프로그램명	시험시간	수험번호	성명
20XX. XX. XX	앱인벤터(App Inventor)	40분		

3급 A형

수험자 유의사항

1. 수험자는 신분증 또는 동등한 자격을 갖춘 증빙서류를 지참하여야 시험에 응시할 수 있으며, 미지참 시 퇴실 조치합니다.

2. 시험 전 시스템(PC작동여부, 네트워크 상태 등)의 이상여부를 반드시 확인하여야 하며, 시스템 이상이 있을 시에는 감독관에게 조치를 받으셔야 합니다.

3. 시험 중 부주의 또는 고의로 시스템을 파손한 경우는 수험자 부담으로 합니다.

4. 답안 파일은 답안 전송 프로그램을 통하여 다운로드 한 파일을 이용하여 작성하셔야 합니다.

5. 작성한 답안 파일은 답안 전송 프로그램을 통하여 자동으로 전송되므로, 감독관의 지시에 따라 주시기 바랍니다.

6. 시험 중 앱인벤터(App Inventor) 이외에 시험과 관련 없는 다른 프로그램을 작동 시 부정행위로 간주하여 실격 처리됨을 유의하시기 바랍니다.

7. 다음 사항의 경우 실격(0점) 혹은 부정행위 처리됩니다.
   - 답안을 저장하지 않았거나, 저장한 파일이 손상되었을 경우
   - 답안 파일을 다른 보조 기억장치(USB) 또는 이메일(E-mail) 등으로 전송할 경우
   - 휴대용 전화기 등 통신장비를 사용할 경우
   - 시스템 조작의 미숙으로 시험이 불가능할 경우

8. 시험의 완료는 작성이 완료된 답안을 저장하고, 답안 전송이 완료된 상태를 확인한 것으로 합니다. 답안 전송 확인 후 문제지는 감독관에게 제출한 후 퇴실하여야 합니다.

9. 주어진 시험시간 이후에는 수정 또는 정정이 불가능합니다.

10. 〈수험자 유의사항〉에 기재된 방법대로 이행하지 않아 생기는 불이익은 수험자 본인에게 책임이 있음을 알려 드립니다.

| 앱창의개발능력 | 3급 | 앱인벤터[App Inventor] | 시험시간 40분 | 1/3 |

답안 작성요령

- 불필요한 미디어 및 명령 블록을 추가한 경우, [작성 조건]을 임의로 변경 또는 추가한 경우, 프로젝트가 제대로 실행되지 않는 경우에는 감점 또는 실격 처리됩니다.
- 별도의 조건이 없는 경우에는 기본 값(Default)으로 처리해야 합니다.
- 파일 삽입 시에는 반드시 주어진 폴더 내에서 다운로드 한 파일을 사용해야 합니다.

※ 다음 사항을 확인하고 주어진 조건에 따라 [문제 1-5]를 완성하시오.

▶ 그림메모 : 캔버스에 그림을 그린 다음 파일로 저장하는 프로젝트 만들기

[Components (컴포넌트)]

- Screen(스크린)
- Canvas(캔버스)
- TextBox(텍스트 상자)
- Button(버튼)
- AccelerometerSensor(가속도 센서)

[Media (미디어)]

- CTCE.png
- Back.gif

[결과 화면]

※ 다음 규칙에 따라 프로젝트를 생성하고 저장하시오. [저장 경로 : 바탕화면 – CTCE 폴더]

| 프로젝트 생성 | '수검번호' | 프로젝트 저장 | '수검번호.aia' |

— 예 수검번호가 ADT-0000-000000인 경우 'ADT_0000_000000'으로 지정할 것

제1작업 › 앱 디자인 능력 평가 — 40점

문제 1 [Designer(디자이너)/기본 능력] — 15점

[작성 조건]에 따라 [Screen(스크린)]을 설정하시오.

[작성 조건]

▶ Components Name(컴포넌트 이름) : 'Screen1'
- AlignHorizontal(수평 정렬) ⇒ Center(중앙) : 3
- BackgroundImage(배경 이미지) ⇒ 'Back.gif' 이미지 업로드
- Icon(아이콘) ⇒ 'CTCE.png' 이미지 업로드   • Title(제목) ⇒ '그림메모'
- ScreenOrientation(스크린 방향) ⇒ Sensor(센서)

문제 2 [Designer(디자이너)/심화 능력] — 25점

[Canvas(캔버스)]를 추가한 후 [작성 조건]에 따라 설정하시오.

[작성 조건]

▶ Components Name(컴포넌트 이름) : 'Picture'
- Height(높이) ⇒ Fill parent(부모에 맞추기)   • Width(너비) ⇒ Fill parent(부모에 맞추기)

[TextBox(텍스트 상자)]를 추가한 후 [작성 조건]에 따라 설정하시오.

[작성 조건]

▶ Components Name(컴포넌트 이름) : 'Filename'
- FontBold(글꼴 굵게) ⇒ True   • FontSize(글꼴 크기) ⇒ 12
- Width(너비) ⇒ Fill parent(부모에 맞추기)   • TextAlignment(텍스트 정렬) ⇒ center(가운데) : 1

[Button(버튼)]을 추가한 후 [작성 조건]에 따라 설정하시오.

[작성 조건]

▶ Components Name(컴포넌트 이름) : 'Save'
- FontBold(글꼴 굵게) ⇒ True   • Text(텍스트) ⇒ 'Save'

[AccelerometerSensor(가속도 센서)]를 추가하시오.

제2작업   앱 코딩 능력 평가   60점

문제 3   [Blocks(블록)/기본 능력]   15점

[제1작업]을 참조하여 다음 [작성 조건]에 따라 코딩하시오.

[작성 조건]

▶ 'AccelerometerSensor1'을 흔들었을 때
- 캔버스를 지우기

문제 4   [Blocks(블록)/기본 능력]   20점

[제1작업]을 참조하여 다음 [작성 조건]에 따라 코딩하시오.

[작성 조건]

▶ 'Save'를 클릭했을 때
- 'Filename'에 입력한 이름으로 캔버스에 그린 그림을 저장하기

문제 5   [Blocks(블록)/심화 능력]   25점

[제1작업]을 참조하여 다음 [작성 조건]에 따라 코딩하시오.

[작성 조건]

▶ '캔버스'에 드래그 했을 때
- 캔버스에 드래그한 모양대로 선 그리기

제17회 실전모의고사

앱창의개발능력(App creative Development Test)

시험일	프로그램명	시험시간	수험번호	성명
20XX. XX. XX	앱인벤터(App Inventor)	40분		

3급 B형   수험자 유의사항

1. 수험자는 신분증 또는 동등한 자격을 갖춘 증빙서류를 지참하여야 시험에 응시할 수 있으며, 미지참 시 퇴실 조치합니다.

2. 시험 전 시스템(PC작동여부, 네트워크 상태 등)의 이상여부를 반드시 확인하여야 하며, 시스템 이상이 있을 시에는 감독관에게 조치를 받으셔야 합니다.

3. 시험 중 부주의 또는 고의로 시스템을 파손한 경우는 수험자 부담으로 합니다.

4. 답안 파일은 답안 전송 프로그램을 통하여 다운로드 한 파일을 이용하여 작성하셔야 합니다.

5. 작성한 답안 파일은 답안 전송 프로그램을 통하여 자동으로 전송되므로, 감독관의 지시에 따라 주시기 바랍니다.

6. 시험 중 앱인벤터(App Inventor) 이외에 시험과 관련 없는 다른 프로그램을 작동 시 부정행위로 간주하여 실격 처리됨을 유의하시기 바랍니다.

7. 다음 사항의 경우 실격(0점) 혹은 부정행위 처리됩니다.
   - 답안을 저장하지 않았거나, 저장한 파일이 손상되었을 경우
   - 답안 파일을 다른 보조 기억장치(USB) 또는 이메일(E-mail) 등으로 전송할 경우
   - 휴대용 전화기 등 통신장비를 사용할 경우
   - 시스템 조작의 미숙으로 시험이 불가능할 경우

8. 시험의 완료는 작성이 완료된 답안을 저장하고, 답안 전송이 완료된 상태를 확인한 것으로 합니다. 답안 전송 확인 후 문제지는 감독관에게 제출한 후 퇴실하여야 합니다.

9. 주어진 시험시간 이후에는 수정 또는 정정이 불가능합니다.

10. 〈수험자 유의사항〉에 기재된 방법대로 이행하지 않아 생기는 불이익은 수험자 본인에게 책임이 있음을 알려 드립니다.

| 앱창의개발능력 | 3급 | 앱인벤터[App Inventor] | 시험시간 40분 | 1/3 |

답안 작성요령

- 불필요한 미디어 및 명령 블록을 추가한 경우, [작성 조건]을 임의로 변경 또는 추가한 경우, 프로젝트가 제대로 실행되지 않는 경우에는 <u>감점 또는 실격 처리</u>됩니다.
- 별도의 조건이 없는 경우에는 기본 값(Default)으로 처리해야 합니다.
- 파일 삽입 시에는 반드시 주어진 폴더 내에서 다운로드 한 파일을 사용해야 합니다.

※ 다음 사항을 확인하고 주어진 조건에 따라 [문제 1-5]를 완성하시오.

▶ **음성 번역 프로젝트** : 음성으로 입력한 단어나 문장을 영문으로 번역해 주는 프로젝트

[Components (컴포넌트)]

- Screen(스크린)
- Image(이미지)
- TextBox(텍스트 상자)
- Button(버튼)
- Label(레이블)
- TextToSpeech(음성 변환)
- YandexTramslate(Yandex 번역)
- AccelerometerSensor(가속도 센서)

[Media (미디어)]

- CTCE.png
- Translate.png

[결과 화면]

※ 다음 규칙에 따라 프로젝트를 생성하고 저장하시오. [저장 경로 : 바탕화면 – CTCE 폴더]

| 프로젝트 생성 | '수검번호' | 프로젝트 저장 | '수검번호.aia' |

- 예) 수검번호가 ADT-0000-000000인 경우 'ADT_0000_000000'으로 지정할 것

제1작업 : 앱 디자인 능력 평가 (40점)

문제 1. [Designer(디자이너)/기본 능력] (15점)

[작성 조건]에 따라 [Screen(스크린)]을 설정하시오.

[작성 조건]

▶ Components Name(컴포넌트 이름) : 'Screen1'
- AlignHorizontal(수평 정렬) ⇒ Center(중앙) : 3
- Icon(아이콘) ⇒ 'CTCE.png' 이미지 업로드
- Title(제목) ⇒ '음성 번역'
- ScreenOrientation(스크린 방향) ⇒ Sensor(센서)

문제 2. [Designer(디자이너)/심화 능력] (25점)

[Image(이미지)]를 추가한 후 [작성 조건]에 따라 설정하시오.

[작성 조건]

▶ Components Name(컴포넌트 이름) : 'Picture'
- Picture(배경 이미지) ⇒ 'Tramslate.png' 이미지 업로드
- Height(높이) ⇒ 150 pixels
- Width(너비) ⇒ 340 pixels

[TextBox(텍스트 상자)]를 추가한 후 [작성 조건]에 따라 설정하시오.

[작성 조건]

▶ Components Name(컴포넌트 이름) : 'InputText'
- Height(높이) ⇒ 100 pixels
- Width(너비) ⇒ Fill parent(부모에 맞추기)

[Button(버튼)]을 추가한 후 [작성 조건]에 따라 설정하시오.

[작성 조건]

▶ Components Name(컴포넌트 이름) : 'Call'
- FontBold(글꼴 굵게) ⇒ True
- FontSize(글꼴 크기) ⇒ 12
- Shape(모양) ⇒ rounded(둥근 모서리)
- Text(텍스트) ⇒ '번역하기'
- TextAlignment(텍스트 정렬) ⇒ center(가운데) : 1

[Label(레이블)]을 추가한 후 [작성 조건]에 따라 설정하시오.

[작성 조건]

▶ Components Name(컴포넌트 이름) : 'OutputText'
- Height(높이) ⇒ 100 pixels
- Width(너비) ⇒ Fill parent(부모에 맞추기)

[YandexTranslate(Yandex 번역)]과 [TextToSpeech(음성 변환)], [AccelerometerSensor(가속도 센서)]를 각각 추가하시오.

제2작업 앱 코딩 능력 평가 60점

문제 3 [Blocks(블록)/기본 능력] 15점

[제1작업]을 참조하여 다음 [작성 조건]에 따라 코딩하시오.

[작성 조건]

▶ 'AccelerometerSensor1'을 흔들었을 때
- 'IntputText'와 'OutputText'의 내용 지우기

문제 4 [Blocks(블록)/기본 능력] 20점

[제1작업]을 참조하여 다음 [작성 조건]에 따라 코딩하시오.

[작성 조건]

▶ 'Translate'를 클릭했을 때
- 'InputText'에 입력한 텍스트를 번역 언어(ko-en)로 번역하기

문제 5 [Blocks(블록)/심화 능력] 25점

[제1작업]을 참조하여 다음 [작성 조건]에 따라 코딩하시오.

[작성 조건]

▶ 번역을 받았을 때
- 번역한 텍스트를 'OutputText'에 표시하고 읽어주기

실전모의고사

앱창의개발능력(App creative Development Test)

시험일	프로그램명	시험시간	수험번호	성명
20XX. XX. XX	앱인벤터(App Inventor)	40분		

3급 C형

수험자 유의사항

1. 수험자는 신분증 또는 동등한 자격을 갖춘 증빙서류를 지참하여야 시험에 응시할 수 있으며, 미지참 시 퇴실 조치합니다.

2. 시험 전 시스템(PC작동여부, 네트워크 상태 등)의 이상여부를 반드시 확인하여야 하며, 시스템 이상이 있을 시에는 감독관에게 조치를 받으셔야 합니다.

3. 시험 중 부주의 또는 고의로 시스템을 파손한 경우는 수험자 부담으로 합니다.

4. 답안 파일은 답안 전송 프로그램을 통하여 다운로드 한 파일을 이용하여 작성하셔야 합니다.

5. 작성한 답안 파일은 답안 전송 프로그램을 통하여 자동으로 전송되므로, 감독관의 지시에 따라 주시기 바랍니다.

6. 시험 중 앱인벤터(App Inventor) 이외에 시험과 관련 없는 다른 프로그램을 작동 시 부정행위로 간주하여 실격 처리됨을 유의하시기 바랍니다.

7. 다음 사항의 경우 실격(0점) 혹은 부정행위 처리됩니다.
    - 답안을 저장하지 않았거나, 저장한 파일이 손상되었을 경우
    - 답안 파일을 다른 보조 기억장치(USB) 또는 이메일(E-mail) 등으로 전송할 경우
    - 휴대용 전화기 등 통신장비를 사용할 경우
    - 시스템 조작의 미숙으로 시험이 불가능할 경우

8. 시험의 완료는 작성이 완료된 답안을 저장하고, 답안 전송이 완료된 상태를 확인한 것으로 합니다. 답안 전송 확인 후 문제지는 감독관에게 제출한 후 퇴실하여야 합니다.

9. 주어진 시험시간 이후에는 수정 또는 정정이 불가능합니다.

10. 〈수험자 유의사항〉에 기재된 방법대로 이행하지 않아 생기는 불이익은 수험자 본인에게 책임이 있음을 알려 드립니다.

| 앱창의개발능력 | 3급 | 앱인벤터[App Inventor] | 시험시간 40분 | 1/3 |

답안 작성요령

- 불필요한 미디어 및 명령 블록을 추가한 경우, [작성 조건]을 임의로 변경 또는 추가한 경우, 프로젝트가 제대로 실행되지 않는 경우에는 <u>감점 또는 실격 처리</u>됩니다.
- 별도의 조건이 없는 경우에는 기본 값(Default)으로 처리해야 합니다.
- 파일 삽입 시에는 반드시 주어진 폴더 내에서 다운로드 한 파일을 사용해야 합니다.

※ 다음 사항을 확인하고 주어진 조건에 따라 [문제 1-5]를 완성하시오.

▶ **사진 촬영 위치와 시간** : 버튼을 클릭하면 카메라가 실행되어 사진을 찍은 후 이미지로 보여주고 촬영한 시간과 장소를 보여주는 프로젝트 만들기

[Components (컴포넌트)]	[결과 화면]
• Screen(스크린) • Image(이미지) • Label(레이블) • Label(레이블) • Button(버튼) • Camera(카메라) • AccelerometerSensor(가속도 센서) • LocationSensor(위치 센서) • Clock(시계)	
[Media (미디어)]	
• CTCE.png • Back.jpg	

※ 다음 규칙에 따라 프로젝트를 생성하고 저장하시오. [저장 경로 : 바탕화면 – CTCE 폴더]

프로젝트 생성	'수검번호'	프로젝트 저장	'수검번호.aia'

— 예 수검번호가 ADT-0000-000000인 경우 'ADT_0000_000000'으로 지정할 것

제1작업 앱 디자인 능력 평가   40점

문제 1 [Designer(디자이너)/기본 능력]   15점

[작성 조건]에 따라 [Screen(스크린)]을 설정하시오.

[작성 조건]

▶ Components Name(컴포넌트 이름) : 'Screen1'
- AlignHorizontal(수평 정렬) ⇒ Center(중앙) : 3
- AlignVertical(수직 정렬) ⇒ Bottom(아래) : 3
- Icon(아이콘) ⇒ 'CTCE.png' 이미지 업로드
- Title(제목) ⇒ '사진촬영'
- ScreenOrientation(스크린 방향) ⇒ Portrait(세로)

문제 2 [Designer(디자이너)/심화 능력]   25점

[Image(이미지)]를 추가한 후 [작성 조건]에 따라 설정하시오.

[작성 조건]

▶ Components Name(컴포넌트 이름) : 'Picture'
- Image(배경 이미지) ⇒ 'Back.jpg' 이미지 업로드
- Height(높이) ⇒ Fill parent(부모에 맞추기)
- Width(너비) ⇒ Fill parent(부모에 맞추기)

[Label(레이블)]을 추가한 후 [작성 조건]에 따라 설정하시오.

[작성 조건]

▶ Components Name(컴포넌트 이름) : 'Location'
- TextAlignment(텍스트 정렬) ⇒ center(가운데) : 1   • Text(텍스트) ⇒ '촬영위치'

[Label(레이블)]을 추가한 후 [작성 조건]에 따라 설정하시오.

[작성 조건]

▶ Components Name(컴포넌트 이름) : 'Time'
- TextAlignment(텍스트 정렬) ⇒ center(가운데) : 1   • Text(텍스트) ⇒ '촬영시간'

[Button(버튼)]을 추가한 후 [작성 조건]에 따라 설정하시오.

[작성 조건]

▶ Components Name(컴포넌트 이름) : 'Capture'
- TextAlignment(텍스트 정렬) ⇒ center(가운데) : 1
- Text(텍스트) ⇒ '사진찍기'

[Camera(카메라)], [AccelerometerSensor(가속도 센서)], [LocationSensor(위치 센서)], [Clock(시계)]을 각각 추가하시오.

제2작업 앱 코딩 능력 평가 — 60점

문제 3 [Blocks(블록)/기본 능력] — 15점

[제1작업]을 참조하여 다음 [작성 조건]에 따라 코딩하시오.

[작성 조건]

▶ 'Capture'를 클릭했을 때 : 카메라로 사진을 촬영하기

문제 4 [Blocks(블록)/기본 능력] — 20점

[제1작업]을 참조하여 다음 [작성 조건]에 따라 코딩하시오.

[작성 조건]

▶ 'AccelerometerSensor1'을 흔들었을 때
- 카메라로 촬영하여 'Picture'에 나타난 사진을 지우고, 'Location'과 'Time'의 텍스트 지우기

문제 5 [Blocks(블록)/심화 능력] — 25점

[제1작업]을 참조하여 다음 [작성 조건]에 따라 코딩하시오.

[작성 조건]

▶ 'Camera1'로 사진을 찍었을 때
- 촬영한 사진을 'Picture'에 나타내고, 현재 주소를 'Location'의 텍스트에 나타내기
- 현재 시간을 'MM/dd/yyyy hh:mm:ss a' 형식으로 'Time'의 텍스트에 나타내기

실전모의고사

앱창의개발능력(App creative Development Test)

시험일	프로그램명	시험시간	수험번호	성명
20XX. XX. XX	앱인벤터(App Inventor)	40분		

3급 D형

수험자 유의사항

1. 수험자는 신분증 또는 동등한 자격을 갖춘 증빙서류를 지참하여야 시험에 응시할 수 있으며, 미지참 시 퇴실 조치합니다.
2. 시험 전 시스템(PC작동여부, 네트워크 상태 등)의 이상여부를 반드시 확인하여야 하며, 시스템 이상이 있을 시에는 감독관에게 조치를 받으셔야 합니다.
3. 시험 중 부주의 또는 고의로 시스템을 파손한 경우는 수험자 부담으로 합니다.
4. 답안 파일은 답안 전송 프로그램을 통하여 다운로드 한 파일을 이용하여 작성하셔야 합니다.
5. 작성한 답안 파일은 답안 전송 프로그램을 통하여 자동으로 전송되므로, 감독관의 지시에 따라 주시기 바랍니다.
6. 시험 중 앱인벤터(App Inventor) 이외에 시험과 관련 없는 다른 프로그램을 작동 시 부정행위로 간주하여 실격 처리됨을 유의하시기 바랍니다.
7. 다음 사항의 경우 실격(0점) 혹은 부정행위 처리됩니다.
   - 답안을 저장하지 않았거나, 저장한 파일이 손상되었을 경우
   - 답안 파일을 다른 보조 기억장치(USB) 또는 이메일(E-mail) 등으로 전송할 경우
   - 휴대용 전화기 등 통신장비를 사용할 경우
   - 시스템 조작의 미숙으로 시험이 불가능할 경우
8. 시험의 완료는 작성이 완료된 답안을 저장하고, 답안 전송이 완료된 상태를 확인한 것으로 합니다. 답안 전송 확인 후 문제지는 감독관에게 제출한 후 퇴실하여야 합니다.
9. 주어진 시험시간 이후에는 수정 또는 정정이 불가능합니다.
10. 〈수험자 유의사항〉에 기재된 방법대로 이행하지 않아 생기는 불이익은 수험자 본인에게 책임이 있음을 알려 드립니다.

앱창의개발능력 3급 앱인벤터[App Inventor] 시험시간 40분

답안 작성요령

- 불필요한 미디어 및 명령 블록을 추가한 경우, [작성 조건]을 임의로 변경 또는 추가한 경우, 프로젝트가 제대로 실행되지 않는 경우에는 <u>감점 또는 실격 처리</u>됩니다.
- 별도의 조건이 없는 경우에는 기본 값(Default)으로 처리해야 합니다.
- 파일 삽입 시에는 반드시 주어진 폴더 내에서 다운로드 한 파일을 사용해야 합니다.

※ 다음 사항을 확인하고 주어진 조건에 따라 [문제 1-5]를 완성하시오.

▶ **메신저** : 문자가 오면 화면에 표시해주고 근접 센서를 이용하여 화면에 표시된 문자를 읽어주는 프로젝트 만들기

[Components (컴포넌트)]	[결과 화면]
• Screen(스크린) • Image(이미지) • Label(레이블) • Label(레이블) • Texting(문자 메시지) • TextToSpeech(음성 변환) • ProximitySensor(근접 센서) • AccelerometerSensor(가속도 센서) [**Media** (미디어)] • CTCE.png • Message.png	

※ 다음 규칙에 따라 프로젝트를 생성하고 저장하시오. [저장 경로 : 바탕화면 - CTCE 폴더]

프로젝트 생성	'수검번호'	프로젝트 저장	'수검번호.aia'

– 예 수검번호가 ADT-0000-000000인 경우 'ADT_0000_000000'으로 지정할 것

제1작업 앱 디자인 능력 평가   40점

문제 1 [Designer(디자이너)/기본 능력]   15점

[작성 조건]에 따라 [Screen(스크린)]을 설정하시오.

[작성 조건]

▶ Components Name(컴포넌트 이름) : 'Screen1'
- AlignHorizontal(수평 정렬) ⇒ Center(중앙) : 3
- AlignVertical(수직 정렬) ⇒ Bottom(아래) : 3
- Icon(아이콘) ⇒ 'CTCE.png' 이미지 업로드
- Title(제목) ⇒ '메신저'

문제 2 [Designer(디자이너)/심화 능력]   25점

[Image(이미지)]를 추가한 후 [작성 조건]에 따라 설정하시오.

[작성 조건]

▶ Components Name(컴포넌트 이름) : 'Picture'
- Picture(사진) ⇒ 'Message.png' 이미지 업로드
- Height(높이) ⇒ 300 pixels
- Width(너비) ⇒ 300 pixels

[Label(레이블)]을 추가한 후 [작성 조건]에 따라 설정하시오.

[작성 조건]

▶ Components Name(컴포넌트 이름) : 'CallNumber'
- FontBold(글꼴 굵게) ⇒ True
- FontSize(글꼴 크기) ⇒ 16
- Width(너비) ⇒ Fill parent(부모에 맞추기)
- Text(텍스트) ⇒ '연락처'

[Label(레이블)]을 추가한 후 [작성 조건]에 따라 설정하시오.

[작성 조건]

▶ Components Name(컴포넌트 이름) : 'Message'
- FontBold(글꼴 굵게) ⇒ True
- FontSize(글꼴 크기) ⇒ 16
- Height(높이) ⇒ 50 pixels
- Width(너비) ⇒ Fill parent(부모에 맞추기)
- Text(텍스트) ⇒ '문자메시지'

[Texting(문자 메시지)], [TextToSpeech(음성 변환)], [ProximitySensor(근접 센서)], [AccelerometerSensor(가속도 센서)]를 각각 추가하시오.

제2작업 앱 코딩 능력 평가 — 60점

문제 3 [Blocks(블록)/기본 능력] — 15점

[제1작업]을 참조하여 다음 [작성 조건]에 따라 코딩하시오.

[작성 조건]

▶ 문자를 받았을 때
- 수신된 전화번호를 'CallNumber'에 표시하고, 수신된 문자를 'Message'에 표시하기

문제 4 [Blocks(블록)/기본 능력] — 20점

[제1작업]을 참조하여 다음 [작성 조건]에 따라 코딩하시오.

[작성 조건]

▶ AccelerometerSensor(가속도 센서)를 흔들었을 때
- 'CallNumber'와 'Message'의 텍스트를 지우기

문제 5 [Blocks(블록)/심화 능력] — 25점

[제1작업]을 참조하여 다음 [작성 조건]에 따라 코딩하시오.

[작성 조건]

▶ 'ProximitySensor(근접 센서)'의 값이 바뀌었을 때
- 근접 센서의 값이 5보다 작으면 'CallNumber'와 'Message'에 표시되어 있는 내용을 읽어주기

제20회 실전모의고사

앱창의개발능력(App creative Development Test)

시험일	프로그램명	시험시간	수험번호	성명
20XX. XX. XX	앱인벤터(App Inventor)	40분		

3급 E형

수험자 유의사항

1. 수험자는 신분증 또는 동등한 자격을 갖춘 증빙서류를 지참하여야 시험에 응시할 수 있으며, 미지참 시 퇴실 조치합니다.

2. 시험 전 시스템(PC작동여부, 네트워크 상태 등)의 이상여부를 반드시 확인하여야 하며, 시스템 이상이 있을 시에는 감독관에게 조치를 받으셔야 합니다.

3. 시험 중 부주의 또는 고의로 시스템을 파손한 경우는 수험자 부담으로 합니다.

4. 답안 파일은 답안 전송 프로그램을 통하여 다운로드 한 파일을 이용하여 작성하셔야 합니다.

5. 작성한 답안 파일은 답안 전송 프로그램을 통하여 자동으로 전송되므로, 감독관의 지시에 따라 주시기 바랍니다.

6. 시험 중 앱인벤터(App Inventor) 이외에 시험과 관련 없는 다른 프로그램을 작동 시 부정행위로 간주하여 실격 처리됨을 유의하시기 바랍니다.

7. 다음 사항의 경우 실격(0점) 혹은 부정행위 처리됩니다.
   - 답안을 저장하지 않았거나, 저장한 파일이 손상되었을 경우
   - 답안 파일을 다른 보조 기억장치(USB) 또는 이메일(E-mail) 등으로 전송할 경우
   - 휴대용 전화기 등 통신장비를 사용할 경우
   - 시스템 조작의 미숙으로 시험이 불가능할 경우

8. 시험의 완료는 작성이 완료된 답안을 저장하고, 답안 전송이 완료된 상태를 확인한 것으로 합니다. 답안 전송 확인 후 문제지는 감독관에게 제출한 후 퇴실하여야 합니다.

9. 주어진 시험시간 이후에는 수정 또는 정정이 불가능합니다.

10. 〈수험자 유의사항〉에 기재된 방법대로 이행하지 않아 생기는 불이익은 수험자 본인에게 책임이 있음을 알려 드립니다.

| 앱창의개발능력 | 3급 | 앱인벤터[App Inventor] | 시험시간 40분 | 1/3 |

답안 작성요령

- 불필요한 미디어 및 명령 블록을 추가한 경우, [작성 조건]을 임의로 변경 또는 추가한 경우, 프로젝트가 제대로 실행되지 않는 경우에는 **감점 또는 실격** 처리됩니다.
- 별도의 조건이 없는 경우에는 기본 값(Default)으로 처리해야 합니다.
- 파일 삽입 시에는 반드시 주어진 폴더 내에서 다운로드 한 파일을 사용해야 합니다.

※ 다음 사항을 확인하고 주어진 조건에 따라 [문제 1-5]를 완성하시오.

▶ **GPS 좌표 표시** : 현재의 위도와 경도를 표시하고 버튼을 클릭하면 문자 메시지로 좌표를 전송하는 프로젝트 만들기

[Components (컴포넌트)]	[결과 화면]
• Screen(스크린) • Image(이미지) • Label(레이블) • TextBox(텍스트 상자) • Button(버튼) • LocationSensor(위치 센서) • AccelerometerSensor(가속도 센서) • Texting(문자 메시지) **[Media (미디어)]** • CTCE.png • Earth.png	

※ 다음 규칙에 따라 프로젝트를 생성하고 저장하시오. [저장 경로 : 바탕화면 – CTCE 폴더]

프로젝트 생성	'수검번호'	프로젝트 저장	'수검번호.aia'

– 예 수검번호가 ADT-0000-000000인 경우 'ADT_0000_000000'으로 지정할 것

제1작업 : 앱 디자인 능력 평가 (40점)

문제 1. [Designer(디자이너)/기본 능력] (15점)

[작성 조건]에 따라 [Screen(스크린)]을 설정하시오.

[작성 조건]

▶ **Components Name(컴포넌트 이름) : 'Screen1'**
- AlignHorizontal(수평 정렬) ⇒ Center(중앙) : 3
- AlignVertical(수직 정렬) ⇒ Center(가운데) : 2
- Icon(아이콘) ⇒ 'CTCE.png' 이미지 업로드
- Title(제목) ⇒ 'GPS 좌표 표시'
- BackgroundColor(배경색) : Orange(주황)

문제 2. [Designer(디자이너)/심화 능력] (25점)

[Image(이미지)]를 추가한 후 [작성 조건]에 따라 설정하시오.

[작성 조건]

▶ **Components Name(컴포넌트 이름) : 'Picture'**
- Picture(사진) ⇒ 'Earth.png' 이미지 업로드
- Height(높이) ⇒ Fill parent(부모에 맞추기)
- Width(너비) ⇒ Fill parent(부모에 맞추기)

[Label(레이블)]을 추가한 후 [작성 조건]에 따라 설정하시오.

[작성 조건]

▶ **Components Name(컴포넌트 이름) : 'Location'**
- FontBold(글꼴 굵게) ⇒ True
- FontSize(글꼴 크기) ⇒ 16
- Text(텍스트) ⇒ '위도와 경도'
- TextAlignment(텍스트 정렬) ⇒ center(가운데) : 1

[TextBox(텍스트 상자)]를 추가한 후 [작성 조건]에 따라 설정하시오.

[작성 조건]

▶ **Components Name(컴포넌트 이름) : 'Number'**
- FontSize(글꼴 크기) ⇒ 16
- TextAlignment(텍스트 정렬) ⇒ center(가운데) : 1
- NumberOnly(숫자만) ⇒ True
- Hint(힌트) ⇒ 연락처

[Button(버튼)]을 추가한 후 [작성 조건]에 따라 설정하시오.

[작성 조건]

▶ Components Name(컴포넌트 이름) : 'Send'
- FontBold(글꼴 굵게) ⇒ True
- FontSize(글꼴 크기) ⇒ 16
- Text(텍스트) ⇒ '위치전송'
- TextAlignment(텍스트 정렬) ⇒ center(가운데) : 1
- Shape(모양) ⇒ rounded(둥근 모서리)

[LocationSensor(위치 센서), [AccelerometerSensor(가속도 센서)], [Texting(문자 메시지)]을 각각 추가하시오.

제2작업 ▶ 앱 코딩 능력 평가   60점

문제 3 [Blocks(블록)/기본 능력]   15점

[제1작업]을 참조하여 다음 [작성 조건]에 따라 코딩하시오.

[작성 조건]

▶ 'AccelerometerSensor1'을 흔들었을 때 : 'Number'의 텍스트 지우기

문제 4 [Blocks(블록)/기본 능력]   20점

[제1작업]을 참조하여 다음 [작성 조건]에 따라 코딩하시오.

[작성 조건]

▶ 'LocationSensor1'의 위치가 바뀔 때
- 'Location'을 'LocationSensor'의 '경도'와 쉼표(,), '위도'를 결합한 값으로 바꾸기

문제 5 [Blocks(블록)/심화 능력]   25점

[제1작업]을 참조하여 다음 [작성 조건]에 따라 코딩하시오.

[작성 조건]

▶ 'Send'를 클릭했을 때
- '전화번호'를 'Number'로 정하고, '메시지'를 'Location'으로 정하여 메시지 보내기

MEMO